SANTO AGOSTINHO

A aventura da graça e da caridade

Coleção: Luz do mundo

- *Antonio: palavras de fogo, vida de luz* – Madeline Pecora Nugent
- *Charles de Foucauld: o irmãozinho de Jesus* – Jean-François Six
- *Ermínia Brunetti: apóstola e mística com dons extraordinários* – Beatrice Immediata
- *Francisco de Paula Victor: Apóstolo da Caridade* – Gaetano Passarelli
- *Irmã Dulce: o anjo bom da Bahia* – Gaetano Passarelli
- *Irmão Roger de Taizé: uma esperança viva* – Christian Feldmann
- *João Leão Dehon: o profeta do verbo ir* – Pe. Zezinho
- *Lindalva Justo de Oliveira: a bem-aventurada filha da caridade* – Gaetano Passarelli
- *Nhá Chica, perfume de rosa: vida de Francisca de Paula de Jesus* – Gaetano Passarelli
- *Palavras-chave de João Paulo II* – Renzo Agasso e Renato Boccardo
- *Paulo: apóstolo dos gentios* – Rinaldo Fabris
- *Rita de Cássia: a santa dos casos impossíveis* – Franco Cuomo
- *Santa Mônica: modelo de vida familiar* – Giovanni Falbo
- *Santo Agostinho: a aventura da graça e da caridade* – Giuliano Vigini
- *São Gregório, o iluminador* – Daniel Alonso de Araujo
- *São Martinho de Lima* – Giuliana Cavallini
- *Teresa de Ávila: mística e andarilha de Deus* – Bernard Sesé
- *Teresa de Calcutá: uma mística entre o Oriente e o Ocidente* – Gloria Germani

Giuliano Vigini

SANTO AGOSTINHO

A aventura da graça e da caridade

Paulinas

Dados Internacionais de Catalogação na Publicação (CIP)
(Câmara Brasileira do Livro, SP, Brasil)

Vigini, Giuliano
Santo Agostinho : a aventura da graça e da caridade / Giuliano Vigini ;
[tradução Antonio Efro Feltrin] ; São Paulo : Paulinas, 2012. – (Coleção
luz do mundo)

Título original: Sant'Agostino : l'aventura della grazia e della
carità
ISBN 978-85-356-3189-0

1. Agostinho, Santo, Bispo de Hipona, 354-430 2. Santos cristãos
- Biografia I. Título. II. Série.

12-05533   CDD-282.092

Índice para catálogo sistemático:
1. Santos : Igreja Católica : Biografia 282.092

Título original: *Sant'Agostino*
© *Edizioni San Paolo s.r.l. – Cinisello Balsamo (MI).*

Direção-geral: *Bernadete Boff*
Editora responsável: *Andréia Schweitzer*
Tradução: *Antonio Efro Feltrin*
Copidesque: *Mônica Elaine G. S. da Costa*
Coordenação de revisão: *Marina Mendonça*
Revisão: *Sandra Sinzato*
Assistente de arte: *Ana Karina Rodrigues Caetano*
Gerente de produção: *Felício Calegaro Neto*
Capa e diagramação: *Manuel Rebelato Miramontes*

1ª edição – 2012
4ª reimpressão – 2024

Nenhuma parte desta obra poderá ser reproduzida ou transmitida
por qualquer forma e/ou quaisquer meios (eletrônico ou mecânico,
incluindo fotocópia e gravação) ou arquivada em qualquer sistema de
banco de dados sem permissão escrita da Editora. Direitos reservados.

Cadastre-se e receba nossas informações
paulinas.com.br
Telemarketing e SAC: 0800-7010081

Paulinas
Rua Dona Inácia Uchoa, 62
04110-020 – São Paulo – SP (Brasil)
📞 (11) 2125-3500
✉ editora@paulinas.com.br

© Pia Sociedade Filhas de São Paulo – São Paulo, 2012

À querida memória de
Dom Angelo Majo,
na doce lembrança
de uma longa amizade.

SUMÁRIO

APRESENTAÇÃO ...9

INTRODUÇÃO ...13

I – O início da aventura ...19

II – A grande miragem ...35

III – Os caminhos da volta ...47

IV – As etapas da conversão ...57

V – A chegada ao porto ...73

VI – Vida contemplativa e serviço à Igreja ...89

VII – A *Regra* agostiniana ...105

VIII – As *Confissões* ...125

IX – Defesa da ortodoxia e exposição da fé ...137

CRONOLOGIA ...153

NOTA BIBLIOGRÁFICA ...155

ÍNDICE ONOMÁSTICO ...171

APRESENTAÇÃO

Em tempos de crise de valores, hoje nós procuramos novamente figuras que sejam capazes de indicar-nos o caminho. Afinal, de fato, não são só as teorias, como também as pessoas que tornam compreensível um modo de viver.

Aurélio Agostinho – o grande Padre da Igreja de origem africana que precisou procurar o próprio caminho numa época confusa – é uma daquelas figuras que interpelam cada geração de modo novo. Ele é tão humano, tão acreditável justamente porque a sua vida não teve um andamento linear e as suas respostas não foram somente teoria. Seu temperamento passional o fez entrar por numerosos caminhos. Somente isto ele não pôde e não quis nunca: contentar-se com uma existência normal pequeno-burguesa. A busca da verdade ardia nele com tanta paixão que ele não podia contentar-se com gastar a vida de modo convencional, quer como crente quer como não crente. Assim, experimentou quase todas as possibilidades da existência humana sem nunca deixar de se interrogar sobre o critério válido, sobre a mesma verdade. A sua teologia não nasceu no escritório, mas foi sofrida e amadurecida na odisseia da sua vida.

Com o seu livro, Giuliano Vigini expõe a vida e a palavra deste grande santo com traços concisos, focalizados na essência. O seu conhecimento profundo das fontes lhe permite dizer o fundamental de modo preciso e transparente. Podemos assim acompanhar Agostinho passo a passo nas migrações da sua vida, e através das vicissitudes exteriores compreender o seu aprimoramento interior.

Uma vez que a vida de Agostinho não aparece nunca como uma pura sucessão de acontecimentos, mas em todos os seus reflexos é caracterizada pela tensão à sabedoria, ao conhecimento e à compreensão, a presente biografia desemboca coerentemente numa exposição das grandes obras do Santo: são estas, por assim dizer, a sua vida; nelas adquire ordem e forma aquilo que vinha se desenvolvendo nos acontecimentos da sua vida.

Vigini reservou um espaço muito vasto, muito maior do que acontece em obras semelhantes, à regra monástica de Agostinho. Concordo com esta escolha. As biografias correntes de Agostinho são muito preocupadas com traçar a figura do grande filósofo e teólogo: de tal modo que, no final, ele aparece como um pensador solitário, como *o mestre* que pensa e escreve. Mas a ideia que Agostinho mesmo tinha da vida era outra. O tormento da sua conversão consistiu também no fato de que se tornar cristão significava, para ele, dedicar-se à "vida filosófica", isto é, a uma vida numa comunidade que estivesse inteiramente orientada a conhecer e a viver a verdade seguindo os conselhos evangélicos. *"Filosofia" era para ele não uma ocupação solitária de um grande pensador, mas um estilo de vida.* Tendo descoberto na fé a verdadeira filosofia, o tornar-se cristão devia comportar para ele uma vida marcada pela fé segundo a modalidade evangélica: à maneira dos discípulos de Jesus Cristo.

A ordenação presbiteral e a consagração episcopal, que lhe foram impostas, obrigaram-no a modificar esta concepção, pois o ministério apostólico veio assumir na sua vida um peso que ele não tinha previsto. Todavia, não renunciou à sua ideia de fundo. Soube unir de modo original, todo seu, ministério episcopal e monaquismo: assim, ao lado e junto com São Bento, ele se tornou um Pai do monaquismo ocidental, mais do que nós somos levados a reconhecer. Não se compreende Agostinho quando se deixa mais ou menos de lado esta componente. É mérito de Giuliano Vigini tê-la sublinhado em toda a sua importância.

Faço votos, portanto, de que este livro abra para muitos o caminho da amizade com Agostinho e contribua para se fazer ouvir novamente a mensagem do grande Doutor da Igreja.

JOSEPH RATZINGER
(Papa Bento XVI)

INTRODUÇÃO

Sobre a vida e a obra de Agostinho continuam a ser publicados em todo o mundo escritos inumeráveis, quer como contribuição de pesquisa e aprofundamento especializado, quer como perfis biográficos, guias ou subsídios de ampla divulgação.

A este fluxo sempre abundante de ensaios e pesquisas os congressos, as exposições e as outras numerosas iniciativas realizadas para recordar o XVI centenário (1986-1987) da conversão e do Batismo do bispo de Hipona indubitavelmente imprimiram uma forte aceleração. O mesmo João Paulo II, publicando nessa ocasião a carta apostólica *Augustinum Hipponensem*, solenemente chamou a atenção sobre a figura de Agostinho e posteriormente solicitou que seus ensinamentos fossem aprofundados.

Além, no entanto, deste acontecimento particular – como de outros que o precederam ou o seguiram – fica o fato que o de Agostinho é uma presença estável, que se alimenta naturalmente e produz contínuas ressonâncias, pela vastidão mesma do território no qual nos projeta a sua obra e que, como acontece com todo grande clássico, não se termina nunca de explorar, abrindo a cada vez, diante de quem o atravessa, novos horizontes e aberturas. São disso testemunhas as numerosas edições críticas publicadas nestes anos; a descoberta de novas cartas de Agostinho por parte de Johannes Divjak, e de novos discursos por parte de François Dolbeau;[1] o lançamento

---

[1] Cf. *Le lettere*. *Supplemento*, na tradução e organização de Luiggi Carrozzi (Città Nuova, Roma, 1992) e *Discorsi nuovi*, na tradução de Vincenzo Tarulli (ibid. 2001-2002, 2 v.).

de grandes empreendimentos enciclopédicos especializados como o *Augustinus-Lexikon* (1986-) ou de utilização mais ampla como o *Augustine through the ages* (1999), dirigido por Allan D. Fitzgerald e agora traduzido em várias línguas;[2] a publicação de uma biografia científica notável (1999) como a de Serge Lancel,[3] que renovou a opulência da fundamental e já clássica biografia (1967) de Brown,[4] e muitas outras contribuições importantes que enriqueceram o estudo e estimularam o debate em torno da figura e do pensamento de Agostinho.

Neste panorama já rico e notável, quem escreve não tem naturalmente a pretensão de acrescentar nada, com este perfil biográfico, a tudo quanto já foi dito. Mas a frequência de longos anos da obra de Agostinho, assim como dos ensaios que lhe dizem respeito, me faz considerar que, ainda que história seja sempre a mesma – embora relida e atualizada à luz das interpretações mais recentes – há sempre um modo pessoal de vivê-la interiormente e, por isso, também de narrá-la. É isto, depois de tudo, além das coisas ditas, que confere a um livro uma sua marca original, um ritmo interno próprio, uma própria medida de estilo.

Gostaria que se pudesse dizer isto também das páginas que seguem e que, a seu modo, foram publicadas – mesmo se no nível de simples *flash* – para fotografar e fazer reviver a grande figura de Agostinho.

Percorrendo novamente a sua obra e considerando aquilo que ela produziu no decorrer dos tempos, torna-se

---

[2] Depois da tradução espanhola (2001) e francesa (2005), deveria estar próxima na Città Nuova também a italiana, sob a direção de Luigi Alici.

[3] LANCEL, Serge. *Saint Augustin*. Paris, Fayard, 1999.

[4] Publicada com novos acréscimos em 2000, agora também em italiano (Torino, Einaudi, 2005).

espontâneo afirmar que raramente uma aventura intelectual, espiritual e humana conserva tão intacto ao longo dos séculos o seu relevo, a sua fecundidade de mensagem, a sua força de apelo como aquela da qual foi protagonista Agostinho. Na história do pensamento ocidental ele se destaca pela centralidade do seu papel como herdeiro da civilização antiga – intérprete e continuador dos ideais da filosofia e dos valores do mundo clássico – e ao mesmo tempo como precursor dos novos horizontes da civilização cristã. Na história da teologia e da exegese, a obra de Agostinho se eleva como uma grande catedral gótica que, na magia das suas formas arquitetônicas e na sua exuberante materialidade de formas, manifesta de modo profundo e criativo a ideia de Deus como centro, beleza e luz da vida do homem. Na história da espiritualidade e da experiência religiosa, a sua palavra e o seu testemunho permanecem fonte e modelo para a vida da Igreja e para a elevação pessoal de cada crente.

A singularidade de Agostinho está justamente no seu encontrar-se na encruzilhada de muitos caminhos, cada um dos quais – continuado – recebe dele uma marca especial. Mas a sua singularidade está também no fato (e isto explica o fascínio de Agostinho sobre pessoas de qualquer crença e de qualquer tempo) de ter expressado na sua pessoa e através da sua obra a síntese de um ensinamento de particular intensidade e vivacidade.

Aquilo que se pode indicar como mensagem essencial de uma vida é, antes de tudo, o ensinamento que provém da sua pesquisa humana e do seu esforço intelectual, tão radicalmente dominados pela paixão pela verdade, pela tensão do amor, pelo desejo da paz. São estes os valores e os bens supremos que levam Agostinho a procurar para encontrar, e a encontrar para procurar ainda mais, num dinamismo incessante do pensamento e do coração que tendem a se superar e a se expandir para incorporar cada vez mais alto grau de verdade e sabedoria.

O horizonte de Deus entra nessa pesquisa como especulação filosófica, enriquece-se e impõe-se como reflexão teológica, vive como experiência de fé. Agostinho penetra com profundidade no mistério e na vida íntima de Deus, mas suscita ao mesmo tempo o diálogo e o encontro pessoal com ele. Teologia e vida caminham lado a lado, como emanação de um mesmo respiro, porque brotam não somente de uma mente preocupada com fazer entender os grandes mistérios, mas também de uma alma que quer comunicar a necessidade, o gosto, o inebriamento de Deus. Não se fica, assim, confinado nos espaços da pura doutrina, mas se caminha nos caminhos onde o Deus da história se encontra com o homem.

Porque, com Agostinho, Deus se volta continuamente para o homem, como o homem se volta para Deus. O desígnio de salvação de Deus tem realmente como medida a realidade do homem; o abismo do homem lembra a profundidade do mistério e do amor de Deus. É um movimento contínuo de ida e vinda, que tem sempre o seu ponto de encontro nas profundidades do coração. Agostinho soube exaltar de modo eminente o valor da interioridade como lugar da pesquisa pessoal e do contato com Deus, isto é, como lugar onde se aprende a conhecer a verdade de si mesmo e a verdade de Deus, manifestada em Cristo, "mestre interior".

A descoberta da interioridade passa através de uma pesquisa de silêncio e recolhimento meditativo; a descoberta de Deus, através de uma vontade de purificação e oração. Poucos como Agostinho indicaram o significado de uma e de outra;

poucos como ele foram mestres de oração. Mestre porquanto ele escreveu sobre a oração que, mesmo não tendo caráter de elaboração sistemática, apresenta, de alguma forma, riqueza e unidade de conteúdos. Mas mestre, sobretudo, pelo modo com o qual a oração se inseriu na sua vida e pelo modo como da vida ela voltou, com perfeita naturalidade, para a palavra no seu diálogo com o homem.

Um último, não menos significativo, ensinamento de Agostinho está no seu vivíssimo sentido de Igreja. A sua procura de Cristo não esteve nunca separada da busca da união com a Igreja, assim como seu empenho com Cristo esteve sempre indissoluvelmente ligado ao seu serviço à Igreja. Daqui também o incansável esforço de confronto e diálogo com os irmãos separados; a sua ansiedade constante de recompor as divisões dos cristãos. Para compreender Agostinho é preciso, na realidade, procurá-lo no coração da Igreja, empenhado com todas as energias em fazer viver com a Igreja e a fazer viver a Igreja. É aqui que a sua mensagem de comunhão e caridade se compendia e é aqui que irradia toda a sua luz.

I

O INÍCIO DA AVENTURA

Agostinho é um santo tão atual que parece ter nascido e vivido sempre aqui, perto de nós. Ele pertence, no entanto, ao IV século e a sua vida transcorre quase inteiramente na África. A terra que lhe deu os natais fazia parte de um daqueles vastos territórios da África do Norte sobre qual Roma estendia há tempo o próprio domínio[1] e que juntos constituíam

---

[1] Para referências históricas e arqueológicas resumidas sobre a África romana, cf. STÉPHANE, Gsell, *Histoire ancienne de l'Afrique du Nord*. Paris, Hachette, 1920-1928, 8 vv. (rist. Zeller, Osnabrück, 1972), e, em especial, o seu fundamental *Atlas Archéologique de l'Algérie*. Alger-Paris, Jourdan-Fontemoing, 1911 (rist. Zeller, Osnabrück, 1973); WARMINGTON, Brian H. *The North African provinces from Diocletian to the Vandal conquest*. Cambridge, Cambridge University Press, 1954 (rist. Greenwood, Westport, 1971); PICARD, Gilbert-Charles. *La civilization de l'Afrique romaine*. Paris, 1959; ROMANELLI, Pietro. *Storia delle province romane dell'Africa*. Roma, L'Erma, 1959 e, do mesmo autor, *Topografia e archeologia dell'Africa romana*. Torino, SEI, 1970; LEPELLEY, Claude. *Les cites de l'Afrique romaine au Bas-Empire*. Paris, Études augustiniennes, 1979-1981, 2 vv. e *Aspects de l'Afrique romaine. Les cités, la vie rurale, le christianisme*. Bari, Edipuglia, 2001.

Naquilo que se refere especificamente à África cristã e às suas fontes, a obra fundamental é *l'Histoire littéraire de l'Afrique chrétienne depuis les origines jusqu'à l'invasion arabe*, de MONCEAUX, Paul (Paris, Leroux, 1901-1923, 7 vv., rist. Bruxelles, Culture e civilisation, 1963), mesmo sem esquecer o importante papel exercido por *Africa christiana* de MORCELLI, Stefano Antonio (Brescia, ex oficina Bettoniana, 1816-1817, 3 vv.), a maior entre as obras de história da Igreja antiga do grande arqueólogo e epigrafista de Chiari. Ela reconstrói a história das províncias romanas e das sedes episcopais, com os anais da Igreja africana, do ano 197 ao 670 (sobre Morcelli, cf. LIMENTANI, Ida Calabi. Il posto del Morcelli negli studi antiquari. In: *Catalogo del fondo Stefano Antonio Morcelli*, sob a direção de VAVASSORI, Giuseppe. Milano, Editrice Bibliografica, 1987, pp. VII-XVIII). Uma obra de síntese é a de DECRET, François. *Le Christianisme en Afrique du Nord ancienne* (Paris, Édition du Seuil, 1996), enquanto, centrada mais nos aspectos e figuras específicas é MERDINGER, Jane E. *Rome and the african Church in the time of Augustine*. New Haven-London, Yale

a "diocese" africana, ou seja, uma das doze grandes áreas administrativas nas quais havia sido dividido o Império Romano no tempo da reforma de Diocleciano. A diocese africana – dividida, por sua vez, em seis províncias – tinha como mais importante ponto de referência a Província proconsular, com a capital Cartago.[2] Esta era o coração da África romana e, como herdeira da antiga província africana, era considerada a província por excelência da África.[3]

Num pequeno centro dessa província, Tagaste,[4] Agostinho nasce no dia 13 de novembro[5] de 354.[6] Situada no planalto da Numídia, no vale de Bágrada[7] – o rio teatro de célebres batalhas[8] –, Tagaste era uma vila agrícola e comercial, situando-se na encruzilhada das grandes estradas romanas que ligavam Hipona a Cartago; Cartago a Cirta, Sitifis, Cesareia;

University Press, 2001. Sobre as figuras dos vários personagens prestou, no entanto, um serviço precioso MANDOUZE, André. *Prosopographie de l'Afrique chrétienne (303-533)*. Paris, Édition du Centre national de la recherche scientifique, 1982.

[2] As outras províncias eram a Bizacena (com a capital Hadrumetum, a atual Sousse, na Tunísia), a Tripolitânia (com a capital Lepcis ou Leptis Magna, a atual Lebda, na Líbia), a Numídia (com a capital Cirta Constantina, a atual Constantina, na Argélia), a Mauretania Sitifiana (com a capital Sitifis, a atual Sétif, na Argélia) e Mauretania Cesariana (com a capital Caesarea, a atual Cherchel, na Argélia).

[3] Também Possídio – o bispo de Calama, discípulo, amigo e biógrafo de Agostinho, viveu por quase quarenta anos com ele – a chama simplesmente assim: "Ex provincia ergo Africana [...]". *Vita di Agostino*, 1.1.

[4] A atual Souk-Ahras, na Argélia, 100 km ao sul de Annaba-Bône, a 33 km do limite tunisiano. Tagaste, originalmente, fazia parte da Numídia, mas com os deslocamentos de limites havia passado já há tempo para a Província proconsular, como também outras localidades. Toda referência que, em biografias ou ensaios, é feita a Tagaste como "cidade da Numídia", "cidade numídica" ou similares, deve-se, portanto, ser entendida em sentido histórico (a antiga Numídia), não em sentido administrativo (a Numídia do tempo de Agostinho).

[5] "O treze de novembro era o dia do meu aniversário": *Beata v.*, 1.6.

[6] "Viveu setenta e seis anos [...]": Possídio. *Vita di Agostino*, 31.1.

[7] O atual Medjerda, que corre em grande parte na Tunísia.

[8] Lembra-se, sobretudo, a sustentada por Amílcar Barca contra Spendio (240 a.C.).

Hipona a Tagaste.[9] Gozava do estatuto de município pelo menos no tempo de Septímio Severo[10] – conservando-o ainda no século IV[11] – e era, além disso, sede episcopal.[12]

A família

A família de Agostinho pertencia à classe média – geralmente africana de estirpe, mas romana de língua e de cultura –, constituída na maioria das vezes de pequenos proprietários que tinham também cargos de responsabilidade na gestão da coisa pública. Vivia da renda dos terrenos, especialmente dos vinhedos que possuía nos arredores da cidade e, mesmo se concedendo alguma comodidade (como a criadagem)[13], tinha um padrão de vida normal.[14] A mãe de Agostinho, Mônica, era uma mulher de grandes virtudes. Crescida numa família cristã e educada com disciplina rígida por uma anciã serva a serviço da casa desde muitos anos,[15] ela manifestava dotes de bondade e discrição, doçura e equilíbrio, generosidade e força de espírito. O pai, Patrício, era conselheiro comunal

[9] Cf. especialmente SALAMA, Pierre. *Les voies romaines de l'Afrique du Nord*. Alger, Imprimerie officielle du Gouvernement général de l'Algérie, 1951.

[10] A primeira inscrição datável remonta realmente aos anos de Septímio Severo, imperador de 193 a 211.

[11] Como atesta o mesmo Agostinho, que várias vezes dá este nome à cidade natal: cf. *Conf.* II, 3.5; IV, 4.7; VI, 6.11; IX, 8.17.

[12] Bispo de Tagaste – onde havia nascido –, Alípio tornar-se-á (antes de março de 395) o grande amigo de Agostinho.

[13] *Conf.* IX, 9.20.

[14] O fato de Agostinho escrever que tinha nascido de uma família "pobre" (*Discursos* 356,13) não significa que vivesse na indigência, mas simplesmente que, em relação a outras famílias, a sua era de condições mais modestas, mesmo se, por sua vez, mais rica que outras.

[15] *Conf.* IX, 8,17.

21

(*curialis*) de Tagaste,[16] havia se casado com Mônica logo que esta chegara à idade madura para o casamento,[17] e do casamento teve três filhos: Agostinho, Navígio e uma filha da qual não se sabe o nome.[18] Pai afetuoso, embora de temperamento exuberante e propenso à ira,[19] terno com a mulher, mesmo se não raramente infiel,[20] tolerante e aberto à educação cristã dos filhos, ainda que fosse pagão,[21] Patrício era um homem que Mônica havia conseguido plasmar lentamente, com paciência e tenacidade. Havia-se criado, assim, em família, um clima de entendimento e de harmonia admirado por todos.[22]

O exemplo de Mônica é também a primeira escola de Agostinho. A educação cristã que marca a sua infância[23] se consubstancia nas palavras e preceitos que lhe foram transmitidos pela mãe, mas, sobretudo, no seu testemunho de fé traduzida numa vida de oração e de caridade.[24] Essa fé sugada com o leite materno[25] permanecerá profundamente enraizada na alma de Agostinho,[26] resistirá ao influxo negativo de Patrício[27] e, até nos anos mais negros dos desvios e dos erros,

---

[16] Possídio. *Vita di Agostino*, 1.1: "Pais honrados e cristãos, da classe dos comunais".

[17] *Conf.* IX, 9.19. Tinha 23 anos quando nasceu Agostinho.

[18] Dessa irmã de Agostinho – tradicionalmente chamada Perpétua – se sabe somente que, depois de ter ficado viúva, se consagrará a Deus e dirigirá durante longos anos, até a morte, o mosteiro das religiosas em Hipona. Cf. *Ep.* 211.4; Possídio. *Vita di Agostino*, 26,1.

[19] *Conf.* IX, 9.19.

[20] Ibid.

[21] *Conf.* I, 11,17.

[22] *Conf.* IX, 8.17.

[23] *Conf.* I, 1.17.

[24] *Conf.* V, 9.17.

[25] *Conf.* III, 4.8.

[26] *Medullitur implicata* ("estava penetrada até nas medulas"), diz Agostinho com uma expressão intensa: *Acad.*, II, 2.5.

[27] *Conf.* I, 11.17.

não se ofuscará nunca totalmente. Será como uma presença adormecida, mas não apagada; um elo que não se quebrará nem mesmo sob os embates mais violentos.[28] O vivíssimo reconhecimento a Mônica pelos princípios cristãos que havia sabido inculcar-lhe com tanta força é somente coberto em Agostinho pela mágoa de não ter sido batizado, como gostaria.[29] O adiamento do batizado para uma idade mais madura era até frequente naqueles tempos, e, para Mônica, tal situação tinha sido provavelmente ditada pela situação familiar, na qual a presença de um pai ainda pagão e de costumes morais não irrepreensíveis a induzia talvez a considerar ainda muito incerta ou muito pouco eficaz para o filho a adesão a um sacramento tão exigente para a vida de fé. A submissa reprovação que Agostinho dirige a sua mãe – submissa somente enquanto dirigida para "aquela mãe"[30] que, no entanto, perseguia um seu desígnio preciso com o fim de gerá-lo para a graça e para a salvação eterna[31] – está fundamentada na convicção de que o Batismo era necessário, porque teria robustecido a sua fé, alimentado a sua tensão moral, colocado logo a sua vida sob a proteção de Deus. Aquele Batismo que faltou, em outras palavras, não é somente considerado por Agostinho uma ocasião perdida, mas é vivido até como o início das suas concessões e do seu caminho no mal.

---

[28] *Conf.* VI, 5.7-8.

[29] *Conf.* I, 11.18. Como se verá mais adiante, Agostinho será realmente batizado em 387, na idade de 33 anos.

[30] Ibid.

[31] *Conf.* I, 11.17.

A infância

Não é este o único motivo que tornou amarga para Agostinho a recordação da infância. A sua natureza de criança vivaz, irrequieta, exuberante se encontra frequentemente diante de obrigações e limites que lhe causam dor. A aprendizagem escolar evoca momentos de sofrimento físico (as pancadas) e moral (a zombaria dos adultos);[32] a disciplina é sentida como injusta porque opressora e mal finalizada, visando frear e reprimir, mais que assumir a sua peculiaridade de valor e instrumento harmônico para o desenvolvimento da pessoa. O grande atrativo do jogo[33] o leva não raramente a desviar a atenção do estudo, também porque o estudo – na sua estrutura rígida e práxis institucional – não consegue criar para ele centros de interesse e sugestões tais que atraiam o seu também vivo desejo do saber. Agostinho tem uma curiosidade, uma inteligência e uma sensibilidade que, freadas por vínculos e imposições, não encontram o espaço para se libertar. Ele procura um mundo que a escola e o ambiente lhe negam ou que pelo menos não lhe abrem o quanto e como gostaria. Assim, aquele mundo acaba ficando sufocado dentro dele, numa contínua tensão e desarmonia de fundo, tão agudas que ecoam ainda à distância de longos anos e que não aliviam nunca totalmente o peso das antigas amarguras: nem mesmo diante do reconhecimento de que a pedagogia corretiva de Deus sabe ordenar para o bem até as ações mais desordenadas e perversas.[34]

A primeira infância de Agostinho transcorre, portanto, no clima monótono e sufocante de uma escola que, além de

---

[32] *Conf.* I, 9.14.
[33] *Conf.* I, 9.15; 10.16.
[34] *Conf.* I, 12.19.

ensinar a ler, escrever e fazer contas, parece não estar em condição de despertar motivações profundas e educar em profundidade. No plano dos resultados escolares, Agostinho é, de alguma forma, um aluno-modelo e que promete muito para o futuro.[35]

Para a conclusão do ciclo elementar, não tendo Tagaste as escolas secundárias, é enviado a Madauro[36] para prosseguir os estudos. Madauro estava situada a cerca de 25 km ao sul de Tagaste e, mesmo permanecendo uma cidade pequena – distante como era das principais vias de comunicação –, gozava nas vizinhanças de boa fama como centro escolar e cultural. Para esta sua fama tinha certamente contribuído o fato de nela ter nascido Apuleio e de ter um gramático[37] conhecido como Máximo, que Agostinho procurará encontrar e com o qual manterá mais tarde algum intercâmbio epistolar.[38]

---

[35] *Conf.* I, 16.26.

[36] Preferimos esta ortografia – que aparece mais frequentemente nos dicionários enciclopédicos e nos Atlas geográficos – a outras grafias (Madaura e, à latina, Madauros). O topônimo antigo Madauros – atestado por numerosas inscrições – deu vida ao atual povoado de Mdaourouch. As ruínas, espalhadas por uma superfície de vinte hectares, numa sugestiva e doce paisagem de colinas, se encontram pouco distantes da cidade, a 8 km da grande estrada Annaba-Tébessa.

[37] *Grammaticus* era o professor de letras que continuava a instrução elementar ministrada pelo *litterator* (ou *ludi magister* ou *primus magister*) e preparava os alunos para os posteriores estudos de retórica confiados ao *rhetor* (para os conteúdos, cf. a nota 2 do capítulo 4).

[38] A passagem de uma carta enviada a Agostinho pelo ano 389 ou 390 (*Ep.* 16.4) – na qual o neoconvertido Agostinho é chamado pelo pagão Máximo "homem ilustre que te afastaste da minha escola" – legitima a hipótese de que Agostinho possa ter sido também discípulo de Máximo ou que pelo menos Máximo o considerasse tal.

Madauro

Os quatro anos de vida escolar em Madauro (365-369) permitiram a Agostinho progredir no conhecimento do latim aprendido em casa e na escola de Tagaste e ser iniciado nos grandes escritores da cultura latina. As leis da gramática – aprendidas através das obras de Aspro, Cornuto, Carisio, Diomedes e, sobretudo, Elio Donato, o mais famoso dos gramáticos do IV século –, se lhe tornam familiares. Na escola são analisadas minuciosamente todas as partes do discurso e, à luz do ensinamento dos clássicos (também nos seus erros linguísticos e nas suas "licenças poéticas"), se determina o cânon do bom uso da língua: não verificada e amalgamada com o presente, mas codificada no patrimônio do passado transmitido com valor prescritivo e indiscutido de autoridade.

Esse tipo de ensino gramatical – acompanhado pelo estudo da métrica, geralmente aprendida no manual de Terenciano Mauro (II séc.) – deixa uma marca que não será nunca cancelada em Agostinho e da qual os seus escritos evidenciam frequentemente as multiformes tramas nos conceitos, nas formas e nas figuras.[39] Ao conhecimento do latim está depois intimamente ligada a leitura, a aprendizagem de memória, a análise textual e crítica, o comentário dos clássicos, de modo todo especial Virgílio e Cícero, os dois grandes pilares da cultura literária latina.

Em Madauro, Agostinho consegue também adquirir – embora com dificuldade, a contragosto e sob o chicote de contínuas ameaças e punições[40] – os primeiros rudimentos

---

[39] Sobre este tipo de ensino, é clássica a obra de MARROU, Henri-Irénée. *S. Agostino e la fine della cultura antica*. Organizado por Costante Marabelli e Antonio Tombolini, traduzido por Mimmi Cassola. Milano, Jaca Book, 1987, pp. 34-36.

[40] *Conf.* I, 13.20; 14.23.

do grego. Que serão depois os últimos, visto que – além de alguns sensíveis progressos no grego bíblico realizados na idade madura (entre 400 e 415) – Agostinho não terá nunca uma verdadeira familiaridade com esta língua que, de resto, no final do IV século, estava já desaparecendo da cultura ocidental.[41]

A adolescência

Com dezesseis anos, Agostinho entra numa fase delicada da sua vida. De volta para Tagaste, é obrigado a passar um ano de inatividade e de ócio, na espera de que seu pai consiga os recursos necessários para mandá-lo a Cartago[42] a fim de continuar os estudos. Aquele ano passado grande parte entre festas, divertimentos e aventuras com os amigos se torna, a seu modo, decisivo, não pelo alcance dos fatos que acontecem, mas por aquilo que eles manifestam em Agostinho como inclinação: o relaxamento de sua tensão moral e as primeiras concessões à sensualidade que se desencadeia no momento do seu pleno desenvolvimento físico e sexual.[43] O destino lhe oferece a ocasião de saborear os prazeres da liberdade e ele prova a sua excitação até ao máximo. Rompe as barreiras das regras que lhe foram impostas, satisfaz os seus ímpetos de amor e de amizade, dá desafogo aos impulsos e às emoções, satisfaz – como na célebre narração do furto das peras[44] – o seu desejo de afirmação e de domínio.

---

[41] Para toda a questão do grego, cf. MARROU, op. cit., pp. 45-59, e a posterior *Retractatio*, pp. 481-486, como também COURCELLE, Pierre. *Les lettres grecques en Occident de Macrobe à Cassiodore*. Paris, de Boccard, 1948², pp. 137-209.

[42] *Conf.* II, 2.5.

[43] *Conf.* II, 3.6.

[44] *Conf.* II, 4.9. Para um comentário deste episódio de forte valor simbólico, cf. o comentário na nossa edição das *Confessioni*. Cinisello Balsamo, Edizioni San Paolo, 2001, p. 435.

Podem-se entrever nesse comportamento alguns sinais característicos do seu desenvolvimento adolescente, por aquele tanto de rebelião e desarmonia, insegurança e conflito que Agostinho manifesta ou subentende no desejo de demonstrar para si mesmo e para os outros a acontecida conquista de uma identidade que permanece, no entanto, confusa e distante. A sua tentativa, na realidade, é sufocada no nascimento, ameaçado como está pelo jogo das paixões que parecem absorvê-lo completamente. Essa agitação dos sentidos teria exigido uma guia firme e equilibrada, capaz de conduzi-lo gradualmente ao controle dos seus atos e a um pleno amadurecimento afetivo, mas Agostinho não a encontra em seu pai, nem a procura na sua piedosa mãe, que ansiosamente continua a suplicar-lhe que não fornicasse e que não cometesse adultério.[45] Também a hipótese aventada por Agostinho de um casamento, entendido para conter a sua explosão de virilidade, caiu no nada, pelo temor dos pais de que um casamento pudesse bloquear ou dificultar os estudos do filho, sobre os quais, no entanto, tanto Patrício como Mônica, embora com motivações diversas, tinham grandes esperanças.[46]

Cartago

Com esta agitação que o assaltou de várias partes, Agostinho, em 371, toma o caminho de Cartago, depois que um abastado amigo de Tagaste, Romaniano, lhe coloca à disposição os meios para se manter nos estudos. Cartago, a cidade poderosa e rica de outrora, conservava ainda muito

---

[45] *Conf.* II, 3.7.

[46] *Conf.* II, 3.8. A segunda – e última – reprovação que Agostinho dirige a sua mãe, depois daquela de haver-lhe retardado o Batismo, é justamente esta de não haver consentido no seu casamento.

do seu antigo esplendor. Não era mais a segunda Roma em terra africana, mas permanecia, de alguma forma, uma grande cidade, florescente pelo seu comércio e os seus negócios, povoada de belos palácios em grande parte reconstruídos ou restaurados no decorrer do século IV,[47] renomada pelas escolas e pelo prestígio de seus professores.

Cartago abre para Agostinho as portas de um novo mundo, no qual a sua vida dá uma guinada decisiva. As distensões e as tentações da cidade acentuam o seu estado de perturbação e enfraquecem as suas resistências no plano moral. O fascínio do novo e do proibido o arrasta bem depressa entre "as chamas crepitantes dos amores impuros"[48] e dos espetáculos excitantes.[49] São de tal maneira fortes os seus impulsos sexuais e tão fracos os esforços para controlá-los que até na igreja é assaltado continuamente por desejos impuros.[50] Percebe num determinado momento, como por um sobressalto de reação da sua consciência, em qual espiral de aventura e de vício está para cair e tenta de alguma forma reagir. Procura assim refúgio sentimental e satisfação física em uma mulher, provavelmente de condições modestas, empenhando-se com ela numa forma estável de convivência (*concubinatus*): condição julgada naqueles tempos um compromisso aceitável e honroso, mesmo sem a perspectiva de casamento legal.[51] Esta espécie de "união de fato" consegue

---

[47] Para as pesquisas arqueológicas, se remete a Picard, Gilbert-Charles. *La Carthage de saint Augustin*. Paris, Fayard, 1965.

[48] *Conf.* III, 1.1.

[49] *Conf.* III, 1.2.

[50] *Conf.* III, 3.5.

[51] Para uma discussão sobre o tema, cf. especialmente Bavel, Tarsicius van. Augustine's view on women. In: *Augustiniana* 39 (1989), pp. 5-53; Power, Kim J. "Sed unam tamen". Augustine and his concubine. In: *Augustinian studies* 24 (1993), pp. 49-73.

o resultado de colocar um freio ao propagar-se das paixões amorosas de Agostinho e se torna um elemento equilibrador na sua vida afetiva.

Da sua companheira fiel, ternamente amada e por ela da mesma forma correspondido por quatorze anos, Agostinho tem um filho (372), que recebe o nome de Adeodato. O nascimento inesperado do filho, se de um lado lhe traz algum problema a mais, do outro serve para amadurecê-lo e para solicitar nele um sentido de responsabilidade ainda maior. O relacionamento familiar reconduz de fato Agostinho, além de colocá-lo nos trilhos de uma experiência sentimental normal, a uma vida menos dispersiva e inconcludente, sobretudo concentrada nos estudos, para os quais tinha sido enviado a Cartago e nos quais devia procurar obter aqueles resultados que os pais esperavam dele.

O *Hortêncio* de Cícero

Em Cartago, na escola do reitor, se aprendia a eloquência com a qual se podia percorrer o caminho de uma carreira brilhante. A eloquência que sobrevivia nos tempos de Agostinho não era mais aquela que, na sociedade romana da República, como já antes na sociedade grega, constituía o ideal profundo e ativo do homem culto. Ela se tornara essencialmente uma eloquência solene e mundana, utilizada nos discursos oficiais, nas comemorações, nos panegíricos, nas declamações públicas dos concursos literários. Tinha, portanto, um caráter de circunstância, muito enfático e respeitado, codificado em esquemas e procedimentos estereotipados dentro dos quais também os clássicos indicados como modelos – Cícero em primeiro lugar – perdiam grande parte da sua originalidade e da sua riqueza. Tudo se resolvia, no plano técnico, num jogo de virtuosismos e elegâncias e no plano dos conteúdos, numa sequência de elogios pomposos e vazios, tons cerimoniosos, alusões doutas e pedantes.

Todavia, a escola de retórica de Cartago não é fundamental na formação intelectual e literária de Agostinho por este tipo de ensino – que, no entanto, exerce um largo influxo sobre ele –, mas pela descoberta extraordinária da filosofia na qual o introduz uma obra de Cícero: o *Hortêncio*.[52] Cícero havia composto esse livro na sua casa no Palatino, durante o mês transcorrido na espera do nascimento do neto, o filho de Túlia (janeiro do ano 45 a.C.), e nas suas intenções ele devia servir de introdução ao *corpus* filosófico que prometia escrever. Somente uma centena de fragmentos restou do *Hortêncio*, mas suficientes para dar uma ideia não aproximativa dos conteúdos e do espírito desse diálogo filosófico, acontecido – provavelmente em 62 a.C. – entre Cícero, Hortêncio, Lutázio Catulo e Lúculo, na vila deste último em Túscolo.

A conversa inspirada pelo elogio das várias atividades intelectuais (a história, a poesia, a eloquência), e entre estas a filosofia, é considerada por Catulo a mais importante e eficaz de todas. Esta opinião é contradita por Hortêncio, que tenta demonstrar a obscuridade dos raciocínios dos filósofos, a incongruência das suas dúvidas, o distanciamento das suas especulações da vida real. Cícero intervém para rebater esta tese e afirmar, ao contrário, como a filosofia é o coroamento

---

[52] Cf. Ruch, Michel. *L'Hortensius de Cicéron. Histoire et reconstitution*. Paris, Les Belles Lettres, 1958; Grilli, Alberto. *M. Tulli Ciceronis Hortensius*. Milano-Varese, Istituto Editoriale Cisalpino, 1962, e a edição organizada por Straume-Zimmermann, Laila; Broemser, Ferdinand; Gigon, Olof. *Hortentius-Lucullus-Academici libri*. München-Zürich, Artemis, 1990 (especialmente a parte final: *Hortentius. Versuch einer Rekonstruktion*, pp. 327-370).

da educação intelectual e o princípio constitutivo da mesma vida pública. Ao diálogo se segue um discurso de exortação à filosofia inspirado no *Protréptico* de Aristóteles. Partindo da constatação de que todos os homens tendem à felicidade, mas poucos a conseguem, Cícero observa que nem todos os valores e desejos do homem conduzem à procura de bens autênticos que são fonte de felicidade. Se a vontade não é iluminada pela filosofia – que afasta do mal, eleva das misérias, desvia dos desejos e dos prazeres desordenados para encaminhar para aquilo que mais no alto gera as condições da felicidade –, ela se enfraquece ao longo dos efêmeros caminhos terrenos da riqueza, do poder, da glória que trazem danos frequentemente irreparáveis. A filosofia é, portanto, fundamental porque faz o homem reconhecer o bem, o leva a exercitar a virtude, o conduz a conhecer o Verdadeiro. E mesmo se este conhecimento é somente parcial porque, total e perfeito, repousa somente em Deus, já este procurar é um caminhar para a felicidade, construindo a ponte que liga ao divino e prepara a vida além da morte.

Esta exortação à filosofia contida no *Hortêncio* se apresenta para Agostinho tão vibrante e convincente que fica conquistado por ela. Ou melhor, ele decide, desde aquele momento, dedicar-se inteiramente a ela.[53] Aquela obra de Cícero que, durante o terceiro ano de escola em Cartago, lhe tinha sido proposta exclusivamente como modelo de técnica de oratória, se torna assim o início de um aprofundamento ético e religioso que produzirá efeitos de vasto alcance.[54] Agostinho não capta então – como, no entanto, o fará mais tarde – o *animus* de Cícero, não se deixa frear pela sua prudência e

---

[53] *Beata v.*, I, 1.4.

[54] O conjunto das relações e das influências ciceronianas é examinado por TESTARD, Maurice. *Saint Augustin et Cicéron*. Paris, Études augustiniennes, 1958.

pelo seu ceticismo. Amplificando provavelmente o mesmo interesse e valor do livro, ele o despoja das suas reais dimensões para conferir-lhe os espaços ideais sobre os quais vai se abrindo a sua experiência interior. Agostinho lê no *Hortêncio* mais do que ele indica e, em todo caso, vê além do texto: que adapta, avalia e amplia para as próprias condições espirituais daqueles momentos. Ele agarra a espiral de luz que entrevê e, no ardor do seu coração em busca de um ideal de vida que o alimente e o aqueça na liberdade do espírito – como será justamente a filosofia, amor da sabedoria[55] –, o transforma em uma grande luz.

Eis por que aquelas páginas – mesmo privadas do nome esperado de Cristo[56] – suscitam um incêndio que revoluciona a alma de Agostinho, mudando o seu modo de sentir e, portanto, também a sua relação com as coisas e as esperanças desta terra.[57] Novos pensamentos e novas aspirações o prendem, recolhendo-se na dimensão especulativa e contemplativa do seu universo interior, onde cada vez mais se concentra o seu esforço de compreender a si mesmo e a própria vocação.

---

[55] *Acad.* I, 1.3; *Conf.* III, 4.8.
[56] *Conf.* III, 4.8.
[57] *Conf.* III, 4.7.

II

A GRANDE MIRAGEM

A leitura de *Hortêncio* coloca, portanto, em movimento um processo psicológico e intelectual que projeta Agostinho nos grandes problemas da vida. Ele se põe logo diante deles com a paixão e a carga ideal do adolescente que quer tudo conhecer e compreender sobre o mundo e sobre o homem, mas entrevê ainda confusamente ou de modo errado a perspectiva dentro da qual colocá-los.

Se até as Escrituras às quais inicialmente pede socorro no intuito de encontrar resposta para as próprias interrogações o desiludem profundamente,[1] é justamente porque não sabe se aproximar delas segundo a chave interpretativa certa. A Palavra de Deus lhe parece de tal modo incompreensível, envolta em mistérios e, em todo caso, totalmente inadequada.[2] Ele não procura, antes de tudo, na Bíblia uma mensagem religiosa, mas sim uma visão do universo e uma filosofia da vida fundamentada em bases racionais, claras a ponto de parecerem matematicamente evidentes. Sem adequada cultura religiosa como apoio e com os olhos de um espírito crítico guiado unicamente pela razão, Agostinho não consegue penetrar o conteúdo das Escrituras. Ele as examina e as discute, mas não "vê" dentro, lá onde não é mais a razão que explica, mas a fé que ilumina. Um racionalismo exasperado o faz parar no

---

[1] *Conf.* III, 5.9.
[2] Ibid.

limiar do mistério; não o impele mais além, onde talvez haja alguma coisa sublime que o espera ou, se até o impele, os seus passos permanecem incertos, o horizonte se fecha e se torna logo escuro. Além de tudo, não só certos conteúdos da Bíblia o conservam distante, dando-lhe um pretexto substancial para procurar noutro lugar, mas a mesma forma sob a qual eles se apresentam nas traduções latinas em circulação lhe parecem – no confronto com a majestosa beleza de Cícero[3] – de uma rudeza tal a ponto de dar-lhe também uma razão puramente instrumental para rejeitar a Bíblia.

Assim Agostinho, mesmo inflamado pelo amor à sabedoria, não sabe entender a maior Sabedoria da Escritura, nem tem a humildade de pedir a algum mestre de doutrina, que certamente não faltava em Cartago, para ajudá-lo a dissipar as suas dúvidas, nos pontos mais obscuros e aparentemente contraditórios dos textos sagrados.

De um mundo que rui por uma desilusão sofrida a um mundo que nasce por uma miragem improvisa, a passagem é surpreendentemente breve. Realmente, "no decorrer de poucos dias"[4] Agostinho abandona a autoridade da fé da infância e se agarra às sedutoras promessas dos maniqueus, os seguidores de uma nova religião missionária e universal, que

---

[3] Ibid. A beleza de Cícero invocada aqui em contraste por Agostinho expressa sempre, no entanto, além dos mesmos aspectos puramente estéticos, um valor mais íntimo. Esta reflete, na realidade, a harmonia interna, o movimento da ideia que procede com ordem, sem passagens bruscas, e com linearidade chega ao seu porto. Como justamente se fez observar, a "dignitas" ciceroniana à qual Agostinho se refere para melhor sublinhar o mal-estar provado em contato com a Bíblia não evidencia somente um contraste estridente do ponto de vista linguístico e estilístico, mas deixa clara também uma profunda diversidade: a lógica decomposta nas suas premissas metodológicas fundamentais; a argumentação incompreensível nos seus desenvolvimentos; a estrutura das regras clássicas da retórica totalmente convulsionada. Cf. PINCHERLE, Alberto. *Vita di San'Agostino*. Roma-Bari, Laterza, 1984, pp. 19-20.

[4] *Duab. an.* 1.1.

tinha adotado influências e elementos das várias tradições religiosas com as quais tinha entrado em contato elaborando-os numa síntese original e no quadro de um sistema doutrinário orgânico. A adesão ao maniqueísmo determina uma posterior, fundamental, virada na história espiritual e humana de Agostinho e, para compreendê-la, é preciso brevemente lembrar as origens desse complexo fenômeno religioso.[5]

A missão de Mani

Mani,[6] fundador do maniqueísmo, deve ter parecido não só para Agostinho, mas para muitos homens da tardia antiguidade, uma figura entusiasta de profeta, mestre do conhecimento, libertador. Nascido em 216, na Babilônia, tinha passado a infância e a adolescência – da idade de quatro

---

[5] Entre as numerosas publicações de caráter geral, cf. Puech, Henri-Charles. *Le manichéisme, son fondateur, sa doctrine*. Paris, Civilisations du Sud, 1949; Tardieu, Michel. *Le manichéisme. Paris*. Presses Universitaires de France, 1981, 1997² (tradução italiana, com introdução crítica e bibliografia organizada por Giulia Sfameni Gasparro. Cosenza, Giordano, 1988); Bianchi, Ugo. *Antropologia e dottrina della salvezza nella religione dei manichei*. Roma, Il Bagatto, 1983. No contexto específico, é importante a contribuição de Decret, François. *L'Afrique manichéenne* (VIᵉ-Vᵉ siècles). Étude historique et doctrinale. Paris, Études augustiniennes. Paris, 1978, 2 vv. E os posteriores *Essais sur l'Èglise manichéenne en Afrique du Nord et à Rome au temps de Saint Augustin*. Roma, Institutum Patristicum "Augustinianum", 1995. Muito útil também a antologia *Il manicheismo*, organizada por Aldo Magris. Brescia, Morcelliana, 2000.

[6] Ao longo do século XX foram descobertas fontes e testemunhos preciosos para o conhecimento da juventude de Mani, da sua missão e do processo de formação do maniqueísmo. Entre elas assume uma importância determinante o minúsculo (3,8 x 4,5 cm) códice grego (IV-V séc.), encontrado em 1969 no Egito, que recebeu o nome de *Codex Manichaicus Coloniensis*, para o qual se deve consultar a edição diplomática organizada por Ludwig Koenen e Cornelia Römer (Bonn, Habelt, 1985). Para um exame dos problemas que ele coloca, cf. as atas do Simpósio Internacional (Rende--Amantea, 3-7 de setembro de 1984): *Codex Manichaicus Coloniensis*, organizado por Luigi Cirillo, com a colaboração de Amneris Roselli. Cosenza, Marra, 1986.

até vinte e quatro anos – numa comunidade elcasaíta[7] da Mesopotâmia meridional, solidamente instalada no sulco da tradição judaico-cristã. Nessa comunidade, Mani tinha recebido a primeira formação e tomado consciência da sua missão profética. Aos doze anos, tivera a primeira "revelação" por um anjo enviado pelo "Rei do paraíso da Luz", e esse anjo – figura do Paráclito, o Espírito Santo anunciado por Jesus (Jo 14,26) – será até o término dos seus dias o "companheiro gêmeo" que habitará nele para guiá-lo e protegê-lo em qualquer circunstância da vida. O anjo havia dirigido a Mani a exortação para se separar da comunidade e para se abster de toda impureza, mas, ao mesmo tempo, o havia convidado a esperar, porque o tempo de "manifestar-se" não tinha ainda chegado. A segunda e definitiva revelação acontecia, de fato, em 242 ou 243, com o anúncio do anjo de que havia chegado a sua hora e de que o Senhor o havia escolhido para proclamar ao mundo a Verdade.

Para esta tarefa Mani acolhia a mensagem transmitida por outros respeitáveis "apóstolos de Deus" que o haviam precedido (Buda na Índia, Zoroastro na Pérsia e, sobretudo, Jesus Cristo no Ocidente); porém, a missão da qual se sentia investido o colocava não somente no papel de quem continuava a sua obra, mas – último dos grandes profetas enviados à humanidade – de quem a levava à realização. Ele era o mensageiro que realizava a Revelação, anunciando o espírito de verdade em toda a sua plenitude e diante de todos os povos.[8]

---

[7] Do nome do fundador da seita, Elcasai. Sobre o assunto, cf. CIRILLO, Luigi. *Elchasai e gli elchasaiti*. Cosenza, Marra, 1984.

[8] Na realidade, "no apostolado de Mani não somente a verdade volta a se manifestar a uma nova geração, mas isto acontece de maneira íntegra, total e indefectível, numa plenitude de conhecimento que, enquanto marca a conclusão mesma do ciclo da revelação, abre a última idade do mundo e da humanidade, agora chamada à escolha definitiva entre verdade e mentira": GASPARRO, Giulia Sfameni. Tradizione e nuova

Assim tomava corpo uma nova concepção religiosa, sobre cujo fundamento Mani submetia como pregação obrigatória as práticas rituais batistas (batismo, purificação do corpo, ablução dos alimentos etc.). Não conseguindo, porém, converter a seita aos ditames da revelação recebida, antes, duramente acusado pelos batistas de trair a Lei estabelecida por Elcasai e de não observar os preceitos do Salvador (isto é, Jesus Cristo), Mani se separava definitivamente do ambiente em que havia sido educado, agora tornado aos seus olhos somente fonte de mentira e erro. Dessa separação tinha início a surpreendente atividade de pregação de Mani e dos seus discípulos e a vasta difusão do maniqueísmo tanto no Ocidente como no Oriente, apesar das repetidas perseguições de que a Igreja maniqueia será objeto. O mesmo Mani – depois de preso e encarcerado – morrerá decapitado (277).

A doutrina e a Igreja maniqueia

O fim escatológico do maniqueísmo como religião de salvação era a revelação do Conhecimento superior, a Gnose, através do qual o iniciado era iluminado sobre a própria condição humana, tomava consciência das suas origens e do seu destino, era libertado do seu exílio terreno e estabelecido pela sua fidelidade na Vida sem fim. O fundamento constitutivo do ensinamento maniqueu era o dualismo radical dos dois "Princípios" antagônicos que estão no início do reino da Luz (ou do Bem) e do reino das Trevas (ou do Mal). No reino da Luz domina Deus, Príncipe do Bem, Pai da Grandeza; no reino das Trevas, Satanás, Príncipe do Mal. Nas origens do

---

creazione religiosa nel manicheismo: il "syzygos" e la missione profetica di Mani. In: *Codex Manichaicus Coloniensis*. Organizado por Luigi Cirillo, cit., p. 251.

drama cósmico que vê as forças do Mal agredirem o reino da Luz, insere-se a criação do tempo e do mundo e – na qualidade de ator do drama – do homem. Para afastar o avanço do Mal, Deus tira da própria substância a Mãe de vida, que gera o Primeiro homem com os seus cinco "filhos" (o ar, o vento, a luz, a água e o fogo). Essas partículas que emanam da Substância divina são, porém, engolidas pelas forças do Mal e dessa assimilação – que não pode ser tolerada pela absoluta incompatibilidade das duas substâncias – tem início a contraofensiva e a vitória do Bem. Esta vitória não é, porém, concedida para sempre; o homem é chamado constantemente a intervir para libertar, separando-as, as partículas de Luz que são prisioneiras da matéria. Somente no fim do drama – no fim da peregrinação terrena – as forças do Mal serão definitivamente mandadas de volta para o seu reino.

Dentro desta visão metafísica e simbólica, o maniqueísmo construía o seu sistema de pensamento: uma concepção total e dogmática do homem e do universo, desenvolvida em muitos planos (cosmológico, físico, antropológico, ético) como "uma arquitetura fantástica e barroca, talvez de mau gosto, mas orgânica nos seus elementos importantes".[9] Bem estruturada e organizada era também a comunidade maniqueia, que se empenhava no longo e difícil itinerário para a Gnose. Os seus componentes eram classificados em dois "graus" (ou classes): o primeiro formado pelos eleitos (chamados também santos ou perfeitos), o segundo, mais numeroso, por simples ouvintes (ou catecúmenos). Os eleitos eram a classe sacerdotal que desempenhava uma função essencial na instrução e na iluminação dos fiéis. Eles deviam observar com extremo rigor

---

[9] BIANCHI, Ugo. Osservazioni storico-religiose sul Codice manicheo di Colonia. In: *Codex Manichaicus Coloniensis*, organizado por Luigi Cirillo, cit., p. 27.

os preceitos que comportava o seu estado de homens chamados à vida perfeita (o celibato e a continência total; a rejeição de toda atividade material; a alimentação sem carne, peixe, vinho e outros alimentos "impuros"; a pobreza absoluta...), enquanto os ouvintes, embora tendendo à mesma Gnose, tinham obrigações muito menos severas e funções prevalentemente de serviço em relação aos seus "irmãos" maiores.

Acima destes dois graus, a Igreja maniqueia tinha três ordens hierárquicas, com um número bem determinado de membros para cada uma delas: 360 padres, 72 bispos (ou diáconos), 12 mestres (como os doze apóstolos). Sobre todos era colocado o "príncipe dos mestres", sucessor de Mani e cabeça suprema da Igreja.

O maniqueísmo na África

Certo da sedução da sua mensagem e da sua organização eclesial, o maniqueísmo se espalhava em várias partes do mundo. Nos primeiros anos do século IV ou já no final do III século, expandia-se também nas províncias romanas da África e conseguia formar as primeiras comunidades. O fato de o Cristianismo ter já uma larga penetração e de o edito antimaniqueu de Diocleciano (303) se enfurecer contra a seita – fortemente suspeita pelas suas mesmas origens persas[10] –, não impedia que o maniqueísmo se propagasse.

---

[10] Um dos motivos determinantes da reação antimaniqueia era, de fato, que a doutrina se originava da Pérsia, onde eram praticadas as artes da adivinhação (astronomia, astrologia, magia), julgadas perigosas enquanto atentavam contra a saúde moral e contra a tranquilidade do povo romano. Reunidos na categoria de fautores de "malefícios", para os quais o Direito Romano previa penas muito severas, os maniqueus não podiam, portanto, senão suscitar uma violenta ação repressiva.

O maior impulso vinha do prestígio, da habilidade dialética, da capacidade organizativa de um dos doze "apóstolos" de Mani destinado a estas regiões, aquele Adimanto[11] que havia já conseguido amplo séquito no Egito e que também aqui reunirá numerosos adeptos. A propaganda das obras de Mani dava depois um impulso posterior ao conhecimento e à difusão de uma doutrina que se queria constituída, não somente como mensagem oral, mas, sobretudo, como "religião do livro", ou seja, revelação fundamentada sobre a fidelidade ao ensinamento escrito do fundador.

Uma contribuição não secundária à instalação de comunidades ou células maniqueias provinha, finalmente, do sistema de propaganda da seita, que utilizava abundantemente os canais e as relações comerciais. Os grandes portos de Cartago e Hipona e outros centros importantes da África eram, de fato, pontos de referência preciosos como bases logísticas para conquistar novos adeptos e para estreitar contatos entre os membros de diversas comunidades.

Cartago era provavelmente a primeira cidade africana tocada pelo maniqueísmo, como de resto tinha sido pelo Cristianismo. Aí a Igreja maniqueia tinha sua sede, o seu guia (o bispo Fausto),[12] o centro propulsor da sua atividade. Em Hipona, onde a obra de Fortunato[13] tinha deixado sua marca, havia uma comunidade florescente. Também em

---

[11] Sobre este importante personagem, chamado também Addas, Agostinho escreverá – nos primeiros meses de 394 – o tratado *Contra Adimantum Manichaei discipulum*, que visava refutar a sua doutrina.

[12] Também a vida de Fausto de Milevi – célebre figura do maniqueísmo africano que encontraremos mais adiante – é conhecida por nós através da obra que Agostinho, que, entre 397 e 399, escreverá contra ele: *Contra Faustum Manichaeum*.

[13] Padre da Igreja maniqueia, Fortunato é conhecido essencialmente como adversário de Agostinho numa disputa cujo processo figura entre as obras do santo (*Contra Fortunatum*). Cf. mais adiante a nota 29 do capítulo VI.

outras cidades – como Tagaste, Cesareia, Mileve, Tipasa[14] –, o maniqueísmo havia lançado alguma raiz, frequentemente infiltrado nas mesmas comunidades católicas. O início e o desenvolvimento da seita dependiam, às vezes de modo determinante, do apoio econômico que uma comunidade local recebia de algum afiliado ou simpatizante: homens de negócios, comerciantes, proprietários de terras dotados de grandes riquezas – como no caso de Romaniano em Tagaste –, e isto pode em parte explicar, além da posição geográfica mais ou menos favorável aos intercâmbios e às relações, a diversa fortuna do maniqueísmo em uma ou em outra cidade da África romana.[15]

O fascínio do maniqueísmo

Sobre um jovem desiludido como Agostinho e ainda mais decidido firmemente a dar um fundamento à própria vida, o maniqueísmo exerce um fascínio notável. Aquela que mais tarde ele definirá "uma abominável e sacrílega heresia"[16] o mantém ligado por nove anos (de 373 a 382): e nove anos de assídua frequência[17] da seita e de estudo atento[18] da doutrina não são um período tão breve que possa ser justificado sem motivadas razões.

---

[14] Milevi (a hodierna Mila), na Numídia; Tipasa na Mauritânia Cesariana.

[15] Uma ampla sistematização de todos os aspectos relativos à fortuna do maniqueísmo na África se encontra na segunda parte (*Destins du manichéisme en terre d'Afrique*) da obra de DECRET, François. *L'Afrique manichéenne*, cit., v. I, pp. 161-233; vol. II, pp. 111-185 (notas).

[16] *Faust.* 2.4.

[17] *Mor.* 19.68.

[18] Ibid. 12.25.

O maniqueísmo entra no horizonte de Agostinho como um caminho mestre para o absoluto. A miragem de uma meta tão alta – o Conhecimento perfeito, a Verdade sem véus[19] proclamada aos quatro ventos e proposta com argumentações sedutoras pelos maniqueus[20] – o atrai de maneira imperiosa. A sua sensibilidade intelectual e religiosa se sente envolvida num projeto de pesquisa especulativa e num itinerário de ascese que, naquela delicada passagem da sua evolução espiritual e humana, o satisfaz completamente. Sob a Verdade, de fato, há o rosto de Deus, a plenitude de luz que é o grande anseio pelo qual a sua alma geme.[21]

Nessa marcha de aproximação ao Absoluto, o peso opressor[22] da autoridade da fé é colocado de lado, para deixar lugar ao livre exercício do pensamento, ao aprofundamento filosófico pessoal, à conquista racional.[23] Agostinho tem a sensação inebriante de uma liberdade nova e completa, não mais submetida aos condicionamentos, às incertezas ou às deformações supersticiosas da religião da infância. A Verdade não lhe aparece mais um dogma imposto, mas uma espécie de teorema que se pode demonstrar através de procedimentos rigorosamente racionais, de modo seguro e sem sombra de ambiguidades.[24] O maniqueísmo lhe torna cientificamente

---

[19] *Util. cred.* 1.2.

[20] *Conf.* III, 6.10.

[21] Ibid.

[22] *Util. cred.* 1.2.

[23] Ibid.

[24] *Ep. Man.* 3.4; 4.5; 10.11; 12.14; 14.17,18. Este escrito era uma espécie de catecismo elementar – largamente difundido entre os maniqueus –, no qual Mani expunha o "fundamento" da própria doutrina (*Contra epistulam Manichaei quam vocant fundamenti*).

certo[25] e transparente[26] o objeto da fé; a "ciência da verdade"[27] que ele anuncia lhe dá a garantia de conduzi-lo, através da razão, ao Mistério infalível, ao entendimento de Deus.

A interpretação maniqueia das Escrituras parece oferecer indícios para muitas interrogações. A rejeição de grande parte do Antigo Testamento e ao mesmo tempo a especial leitura do Novo[28] feita pelos maniqueus indicam para Agostinho a razoabilidade e a bondade do maniqueísmo. Os problemas exegéticos colocados pela narração da criação, pela origem do mal, pela lei judaica e pelos costumes dos patriarcas, pela encarnação do Filho de Deus e por outras passagens controversas das Escrituras encontram respostas convincentes nas hábeis argumentações dos maniqueus. O mesmo nome de Cristo que pende continuamente dos seus lábios[29] lhe aparece rico de nova força ideal e profética.

Do maniqueísmo Agostinho recebe, assim, a ilusão de uma mensagem cristã liberta de toda incrustação absurda, recomposta nos seus conflitos no plano teológico e moral, restituída aos seus conteúdos espirituais autênticos. A miragem é muito grande para que ele não sinta a solicitação intelectual e espiritual de segui-la. Além de tudo, a atmosfera de familiaridade que a seita lhe manifesta,[30] as vitórias fáceis que relata sobre os cristãos mais desprovidos em matéria de

---

[25] Ibid. 23.25.

[26] Ibid. 3.4; 12.15.

[27] Ibid. 5.6.

[28] Sobre as finalidades, os conteúdos, as autoridades exegéticas às quais faziam referência, o método de leitura do Novo Testamento por parte dos maniqueus, cf. TARDIEU, Michel. Principes de l'exégèse manicheénne du Nouveau Testament. In: Centre d'Études des religions du livre. *Les règles de l'interprétation*. Paris, Éditions du Cerf, 1987, pp. 123-146.

[29] *Conf.* III, 6.10.

[30] *Duab. an.* 9.11.

doutrina,[31] a paixão com a qual o ensinamento maniqueu é transmitido,[32] o colocam na condição psicológica favorável para repetir para si mesmo e ostentar diante dos outros que estava endereçado no caminho certo.

---

[31] Ibid.
[32] Ibid.

III

OS CAMINHOS DA VOLTA

De Cartago para Tagaste

De Cartago – terminados os estudos – Agostinho retorna a Tagaste (374). O mesmo abastado amigo Romaniano, que quatro anos antes lhe tinha permitido partir para Cartago, agora lhe oferece a possibilidade de abrir na cidade uma escola de gramática e retórica. Além disso, como o havia generosamente acolhido na sua casa por ocasião da morte de Patrício (371), assim o hospeda agora, junto com a companheira e o filho Adeodato, depois da rejeição de Mônica de tê-lo junto de si.

O entusiasmo maniqueu que havia atraído Agostinho para a seita como ouvinte, se pôde encontrar facilmente razão nas ideias de Romaniano,[1] não pôde impressionar a indômita fé da mãe, que sofrendo e fechada na própria dor – prefere se separar do filho a compartilhar a loucura da sua traição e da sua soberba. Somente mais tarde Mônica estará disposta a recebê-lo em casa, obtendo a garantia de uma predição em sonho[2] e das consoladoras palavras de um bispo[3] de que o filho

---

[1] *Acad.* I, 1.3.
[2] *Conf.* III, 11.19.
[3] *Conf.* III, 12.21.

de tantas lágrimas não se perderia, mas voltaria para junto dela, arrependido e definitivamente reconquistado para a fé.

Em Tagaste, Agostinho ensina por dois anos, de 374 a 376, procurando dar o melhor de si para instruir na arte oratória e – lembrando a sabedoria filosófica aprendida – para deixar um ensinamento moral. Mesmo tendo resultados prazerosos e conseguindo estabelecer relações fecundas com os seus alunos, Agostinho não se sente à vontade na sua cidade. Além do clima tenso das relações familiares, há um ambiente que começa a se tornar muito estreito para as suas exigências intelectuais e para os seus horizontes profissionais. Tagaste não pode lhe oferecer nem estímulos culturais, nem garantias econômicas, tampouco espaços de carreira suficientes para as suas possibilidades e ambições. Sobretudo, Agostinho não pode viver na cidade porque a morte de um caríssimo amigo – evocada pelas confissões em páginas memoráveis[4] – provoca nele uma ferida tão profunda que torna aquele lugar carregado de lembranças que o fazem sofrer muito.

Com a perda do jovem amigo, com o qual havia estreitado um relacionamento muito intenso e, por assim dizer, exclusivo desde os inícios do seu ensinamento na cidade natal, não lhe faltou somente a doçura de uma amizade, porquanto mais doce que todas as doçuras experimentadas até então.[5] Quebra-se a relação até com a vida: tudo se lhe torna escuro, tudo aquilo sobre o qual coloca o olhar assume a cor da morte.[6] A presença daquele amigo o enchia de plenitude e de alegria; era-lhe mais querida que a de sua própria família e que qualquer outro afeto pessoal. Agostinho havia coloca-

---

[4] *Conf.* IV, 4.7-7.12.
[5] *Conf.* IV, 4, 7.
[6] *Conf.* IV, 4.9.

do inteiramente nele o seu coração e agora, depois do seu desaparecimento, se encontra irremediavelmente só, vazio, estrangeiro na sua própria cidade. A dor que lhe aperta a alma como uma morsa é o sinal inequívoco de como a morte do amigo é muito mais que uma privação e corresponde mais à misteriosa e subitânea desagregação de todo um mundo no qual Agostinho fica completamente envolvido. O seu sofrimento é metafísico, um mal existencial. Naquele momento, o encontro com a dor coincide para ele com o desapego de uma realidade já sem sentido e, ao mesmo tempo, o início da interiorização de uma experiência que o reporta bruscamente à condição de caducidade do homem.[7]

De Tagaste para Cartago

Com a alma mais que nunca em agitação, Agostinho abandona, portanto, Tagaste e retoma o caminho para Cartago (376). Pode fazê-lo porque, ainda uma vez, Romaniano lhe vem ao encontro e, nesta circunstância, sabe até renunciar a um projeto que ele tem muito a peito: fazer florescer os estudos em Tagaste, dando impulso à escola local surgida sob a guia de Agostinho. O vínculo da amizade, puro e forte, sabe apagar também este desejo e Romaniano acaba por satisfazer

---

[7] Sobre a importância da amizade em Agostinho – que fala dela em numerosos escritos – cf. especialmente os ensaios de PIZZOLATO, Luigi. *L'idea di amicizia nel mondo antico classico e Cristiano*. Torino, Einaudi, 1993 (para Agostinho, pp. 296-319); WHITE, Caroline. *Christian friendship in the fourth century*. Cambridge, Cambridge University Press, 1992 (para Agostinho, pp. 185-218); e, sobretudo, MCMANARA, Marie A. *L'amicizia in S. Agostino*. Milano, Ancora, 2000. Uma ampla coletânea antológica dos escritos de Agostinho sobre o tema é *L'amicizia*, organizado por PICCOLOMINI, Remo. Roma, Città Nuova, 20004.

as aspirações do amigo, ansioso de alçar o voo para metas mais elevadas.[8]

A generosidade de Romaniano – o único que é colocado a par da sua intenção de ir ensinar em Cartago[9] – revela-se providencial. Ele não se limita, de fato, a fornecer-lhe os meios para custear as despesas de viagem e enfrentar as primeiras necessidades do dia a dia em Cartago, mas chega até a procurar-lhe alunos, a começar do filho Licêncio e de outro parente íntimo de nome Luciniano.[10] Assim, a escola de retórica que Agostinho abre em Cartago não tarda em se projetar e a se tornar um ponto de referência também para vários concidadãos, como o grande amigo e futuro bispo de Tagaste, Alípio.

Os dias de Agostinho em Cartago transcorrem entre o ensino, as conversações e as discussões com os alunos, o estudo pessoal, a propaganda maniqueia. Do ensino recebe, na verdade, poucas satisfações, porque – fora o caso de alguns jovens com os quais estabelece um relacionamento privilegiado de colóquio e amizade, como Nebrídio e Eulógio, mais tarde reitor ele mesmo em Cartago – há muita anarquia por parte dos estudantes que, deixados livres, por longa tradição, de toda forma de controle, inauguram um clima de indisciplina que Agostinho não tolera, mas é obrigado a suportar.[11]

Profícuas, ao contrário, as numerosas leituras às quais se dedica com paixão para aprofundar o estudo das sete "artes liberais" (gramática, dialética, retórica, aritmética, geometria, música, astronomia), que na tradição helenista

---

[8] *Acad.* II, 2.3.
[9] Ibid.
[10] *Acad.* II, 2.9.
[11] *Conf.* V 8,14.

50

eram consideradas propedêuticas ao estudo da filosofia.[12] Lê, antes de tudo, os nove tratados *Sobre disciplinas* de Varrão; as obras de filósofos como Cícero, Sêneca, Celso; *As noites áticas* de Gélio, talvez a *Introdução à aritmética* do filósofo neopitagórico Nicômaso de Gerasa e muitos outros livros que consegue adquirir.[13] Nesses anos, consegue também vencer uma competição poética (380) e empenhar-se na redação (380-381) de um livro de filosofia estética, *O belo e o conveniente* (*De pulchro et apto*), dedicado ao autor romano Gério, por todos elogiado por sua erudição e eloquência e, por isso, visto também por ele como exemplo e ideal.[14] Nem faltam, enfim, nos dias de Agostinho, as ocasiões para debater algumas questões postas pela doutrina ou pela prática maniqueia e para desenvolver uma ação profícua em favor da seita.

Tais ocasiões, no entanto, se revelam com o passar do tempo um difícil banco de prova para a fé maniqueia de Agostinho. Da discussão e da verificação conscienciosa das várias posições, aparecem-lhe as primeiras dúvidas – como no caso das crenças astrológicas, por ele aceitas e, ao contrário, combatidas por pessoas competentes e respeitáveis, como o procônsul da África Vindiciano e o amigo Nebrídio;[15] aparecem-lhe os pontos de contraste na explicação dos fenômenos naturais entre as noções científicas aprendidas e aquilo que é ensinado dogmaticamente pelos maniqueus;[16] oferecem-lhe motivos de séria reflexão os relevos pontuais feitos em público por um certo Elpídio a propósito da concordância entre Antigo

---

[12] Sobre a origem e as características das "disciplinas" ou "arte liberais", remete-se ao volume de Marrou, op. cit., em especial pp. 189-208 e 209-238.

[13] *Conf.* IV, 16.30.

[14] *Conf.* IV, 13.20, 14.21.

[15] *Conf.* IV, 3.5.

[16] *Conf.* V, 3.4, 3.6.

e Novo Testamento, enquanto as réplicas privadas dos maniqueus lhe parecem destituídas de real consistência;[17] toca-o profundamente o raciocínio de Nebrídio em relação ao dilema sobre a corruptibilidade ou incorruptibilidade de Deus.[18]

Nessa fase crítica Agostinho sente tremer os pilares mesmos do credo maniqueu. Incapaz de resolver as próprias dúvidas num sentido ou noutro, decide, de alguma forma, esperar o retorno de Roma do grande doutor da seita, Fausto de Mileve, para receber dele as respostas a tantas interrogações que já o atormentam.

Fausto chega a Cartago em 383, e Agostinho – como muitos outros – é logo atraído pela amabilidade da pessoa, pela eloquência do discurso, pela elegância da palavra desse ilustre personagem.[19] Quando, porém, tem a oportunidade de se encontrar diretamente com ele e de lhe expor os seus problemas, percebe, ao contrário, que a cultura de Fausto é muito pobre para que ele possa dissipar as complexas ou sutis questões que lhe propõe.[20] Se de um lado essa incompetência de Fausto, confessada com toda simplicidade e modéstia, dispõe Agostinho a uma atitude de simpatia em relação a ele,[21] por outro, ela produz um golpe duro para as suas esperanças. O encontro com Fausto, mais que representar uma saída de um estado de incerteza e conflito, marca, na realidade, a fase inicial do desmoronamento de um mito. Alguma coisa que se rompe dentro dele: o ardor se apaga, a luz entrevista se cobre de véus. Mesmo se interiormente percorre, talvez, já um novo

---

[17] *Conf.* V, 11.21.
[18] *Conf.* VII, 2.3.
[19] *Conf.* V, 6.10.
[20] *Conf.* V, 6.11.
[21] *Conf.* V, 7.12.

caminho, a prudência lhe sugere que fique ainda maniqueu e que não tente no momento outros caminhos sem primeiro ter diante de si pontos de referências certos.[22]

De Cartago para Roma

O desejo de abandonar um ambiente escolar já insuportável e encontrar um lugar mais disciplinado e tranquilo;[23] a ambição de subir mais alto na escada do sucesso e da fama; a mesma irrequietude seguida pela desilusão do encontro com Fausto, levam Agostinho – presumivelmente no verão de 383 – a deixar Cartago. Surdo às lágrimas e às súplicas da mãe que o persegue implorando-lhe que não parta, deixa-a com um pretexto e de noite, em segredo, zarpa na direção de Roma. No sofrimento atroz de Mônica, que tenta com todos os meios barrá-lo, e na impiedosa frieza de Agostinho, que foge sem olhar para trás, esquecido de todo afeto e amizade – até aquela de Romaniano, que não é sequer avisado sobre a partida –,[24] há outra cena importante do drama que vê reunidos mãe e filho para representar – atores inconscientes – as misteriosas tramas do desígnio providencial de Deus.

Em Roma, Agostinho não tem muita sorte. Pouco depois da sua chegada é logo atingido por uma grave doença que quase o leva à morte.[25] Depois, o ambiente escolar romano lhe reserva uma ingrata surpresa: não, dessa vez, pela indisciplina dos alunos, mas pelo seu costume de se transferir em massa

---

[22] *Conf*. V, 7.13.
[23] *Conf*. V, 8.14.
[24] *Acad*. II, 2.3.
[25] *Conf*. V, 9.16.

para outros professores no momento de pagar as contas.[26] Finalmente, em contato estreito com os "eleitos" maniqueus, Agostinho tem modos de constatar a hipocrisia do seu comportamento, a contínua transgressão à austeridade das regras prescritas e, definitivamente, a inaplicabilidade prática do seu programa de vida.

Tudo isto não evita de deixar marcas. A saúde lentamente se recupera, mas o físico continua debilitado; o comportamento dos alunos lhe provoca dificuldades econômicas que de alguma forma consegue superar, mas não desaparece de todo a sua profunda amargura; a nova desilusão que lhe causam os maniqueus, criam nele, pelo menos no plano psicológico e moral, uma fratura incurável, mesmo sendo obrigado, por razões de pura conveniência (hospitalidade, sustento econômico, favores etc.), a manter com eles relações muito cordiais e vivendo, por isso, dentro de si, o conflito desse fingimento.

A vida de Agostinho em Roma transcorre na solidão da sua alma inquieta e perturbada: fora, a beleza e a suntuosidade da cidade não parecem sequer tocá-lo, como se fossem realidades pertencentes a outro mundo. Ele está absorvido pelo pensamento de uma verdade que novamente se afasta, porque também o maniqueísmo, agora, se revela uma "fábula" na qual sabe com certeza que não pode encontrar as respostas que procura. Sente-se traído pelos maniqueus que o atraíram por tanto tempo nas redes diabólicas das suas promessas, tão sedutoras quanto falsas e enganadoras. Haviam-lhe garantido poder-lhe mostrar infalivelmente a verdade através da razão. No entanto, ele se encontra sempre no ponto de partida: a representação de um mito que não lhe "manifesta" nunca a verdade, mas, ao contrário, se fecha hermeticamente no

---

[26] *Conf.* V, 12.22.

castelo dos seus símbolos e das suas alegorias. Para o iniciado que confia unicamente na transparência e na incontestabilidade da ciência, a doutrina maniqueia acaba por revelar a sua grosseira simulação, tecida de fábulas extravagantes e superstições absurdas.

Agostinho começa então a procurar alternativas para o maniqueísmo. Todo sistema filosófico que tenta experimentar como possível itinerário para a sabedoria o deixa, porém, insatisfeito, porque lhe traz mais dúvidas que certezas do ponto de vista racional, e, sobretudo, porque nenhum deles deixa traços daquele nome de Cristo salvador[27] que permanece sempre, para ele, o referencial imprescindível para a conquista da verdade plena e que satisfaz. Essas tentativas de busca sem fruto acentuam aos poucos em Agostinho a tendência para assumir uma posição cética, para duvidar de tudo,[28] para perder definitivamente a esperança de poder possuir a verdade,[29] mesmo se esforçando para alcançá-la, por todos os meios. Uma posição análoga – segundo a opinião corrente naquele tempo compartilhada por Agostinho[30] – àquela assumida pelos filósofos neoacadêmicos (Arcesilau de Pitane, Carnéades de Cirene, Clitômaco de Cartago...) e por outros filósofos, como Antíoco de Ascalona, conhecidos de Agostinho através de os *Acadêmicos* de Cícero e da *Filosofia* de Varrão.

Quando Agostinho, desiludido pela experiência romana, procura em Milão um novo porto onde pudesse aportar com melhor sorte, são esses os filósofos que governam o timão da

---

[27] *Conf.* V,14.25.

[28] Ibid.

[29] *Conf.* VI, 1.1.

[30] Veja-se a discussão sobre o ceticismo dos neoacadêmicos e a interpretação nova dada por Agostinho em *Acad*. II, 3.8–6.15.

sua nave desequilibrada, na tempestade que se seguiu ao afastamento do maniqueísmo.[31] Mas o homem que parte de Roma em poder de todo vento de doutrina,[32] sacudido pelas dúvidas e inquieto por quanto o destino lhe poderá reservar, dessa vez não empreende uma navegação no vazio. Milão não será uma etapa de transferência, como as outras que a precederam, mas a meta onde a história espiritual de Agostinho conclui seu ciclo e se abre para novos e impensados horizontes.

---

[31] *Beata*, v. 1.4.
[32] *Conf.* V, 14.25.

IV

AS ETAPAS DA CONVERSÃO

Agostinho chega a Milão nos primeiros dias do outono de 384. Milão era naquele tempo uma cidade de grande importância e que exercia um forte atrativo. Já desde 286 capital do Império Romano do Ocidente, a partir de 365 – sob Valentiniano I – substituía de fato Roma como sede estável da corte imperial. O seu peso político e militar era acompanhado de uma situação econômica e comercial muito florescente, de um forte impulso religioso – determinado pela ação pastoral do bispo Ambrósio –, de um prestígio cultural consolidado, tanto pela vivacidade do ambiente em si como pelos importantes empregos que lá podiam ser encontrados.[1]

---

[1] Sobre o papel de Milão e sobre a tradição religiosa, cf. *Milano, capitale dell'impero romano*. Milano, Silvana Editoriale, 1990; *La città e le sue memorie*. *Milano e la tradizione di sant'Ambroggio*. Milano, Electa, 1997. Em especial, para enquadrar o papel de Ambrósio, recorda-se que ele era bispo de Milão desde 374. Nascido em Treviri (em 339 ou 340) de nobre família cristã, tinha sido educado nas escolas de retórica e direito em Roma, e iniciado a carreira político-administrativa. Era governador (*consularis*) das províncias da Ligúria e da Emília (com sede em Milão), quando – com a morte do bispo ariano Aussenzio (374) – se viu exercendo uma obra de pacificação entre hereges e ortodoxos, e tendo sido tão convincente e equilibrado nesta difícil tarefa, que foi ele mesmo chamado a sucedê-los. Receberia o Batismo no dia 30 de novembro e seria consagrado bispo no dia 7 de dezembro de 374. Sobre a sua figura, cf. a recente biografia de Pasini, Cesare. *Ambrogio di Milano. Azione e pensiero di un vescovo*. Cinisello Balsamo, Edizioni San Paolo, 1996[2]; Crivelli, Luigi. *Aurelio Ambrogio. Un magistrato vescovo a Milano*. Cinisello Balsamo, Edizioni San Paolo, 1997; Savon, Hervé. *Ambroise de Milan* (340-397). Paris, Desclée, 1998. Para uma análise de realidades e figuras da Igreja ambrosiana do tempo – que ajudam a compreender e avaliar melhor também o contexto no qual Agostinho amadurece a própria conversão –, vejam-se especialmente Monachino, Vincenzo. *S. Ambrogio e la cura pastorale a Milano nel secolo IV*. Milano, Centro ambrosiano di documentazione e studi religiosi, 1973; Cattaneo, Enrico. *La Religione a Milano*

Um desses empregos era o cargo de reitor,[2] que na sede de Milão assumia um relevo particular, também como trampolim para os cargos mais elevados do Estado. Naquele momento, a cátedra estava vacante e de Milão tinha sido por isso encaminhado ao prefeito de Roma, Quinto Aurélio Símaco, o pedido de enviar para a cidade um professor de retórica.[3] Também Agostinho aspirava àquele posto, mas – sendo ainda muito jovem e desprovido de títulos especiais[4] – não teria conseguido obtê-lo sem o apoio dos maniqueus que o haviam recomendado a Símaco. Este havia sim atendido ao pedido, mas antes teria querido saber pessoalmente se aquele homem de doutrina segura que lhe tinha sido apresentado era um orador de talento,[5] em condição de se opor eficazmente à eloquência de Ambrósio, seu grande adversário.[6] Agostinho

---

nell'età di Sant'Ambrogio, ivi, 1974. Sobre a importância de Milão como diocese, cf. VIGOTTI, Gualberto. Milano metropoli ecclesiastica. Milano, Ned, 1981, especialmente o cap. II, pp. 29-46. Deve-se notar, entre as publicações recentes, também os ensaios publicados no catálogo da mostra 387 d.c. Ambrogio e Agostino. Le sorgenti dell'Europa, org. por PASINI, Paolo. Milano, Olivares, 2003.

[2] O ensino da retórica tinha a finalidade de treinar os estudantes na declamação pública e na prática legal nos tribunais ou na administração. A introdução do assunto era constituída por uma série de instruções preliminares (progymnasmata), como na Grécia, e por exercícios livres de arte declamatória (declamatio). O cargo de professor de retórica comportava, no entanto, também uma tarefa menos agradável de defesa e propaganda política. Agostinho mesmo nos informa sobre dois panegíricos por ele feitos em Milão, pouco depois da sua chegada; um para o cônsul Bautone, amigo de Símaco, no dia 1o de janeiro de 385, o outro para o jovem imperador Valentiniano II, no dia 22 de novembro do mesmo ano.

[3] Conf. V, 13.23.

[4] Como já se recordou, Agostinho tinha escrito somente um ensaio sobre estética, O belo e o conveniente, que se perdeu.

[5] Símaco (c. 340-402), antes ainda de ser homem político (procônsul da África em 373, prefeito de Roma em 384-385, cônsul em 391), era um grande orador, talvez o mais célebre dos seus tempos. Era, portanto, bem capaz de julgar a prova de declamação oratória do jovem reitor (Conf. V, 13.23).

[6] Símaco, de fato, havia se esforçado sem sucesso para a restauração dos cultos pagãos proibidos por Graciano em 383. Ficou famosa especialmente a sua petição (relatio)

58

tinha mostrado que era idôneo também para uma tarefa tão exigente e, portanto, tinha sido enviado para Milão.[7] Símaco, ferrenho opositor do Cristianismo, nem de longe supunha que com isso estava ajudando o caminho daquele que teria aplicado ao paganismo o golpe mortal.[8]

O encontro com Ambrósio[9]

O primeiro encontro de Agostinho com Ambrósio não tem nenhum caráter especial: é simplesmente uma visita de cortesia. Ambrósio não ignora certamente a posição doutrinal e moral em que se encontra Agostinho, nem o papel que Símaco lhe atribuiu, mas, apesar disto, acolhe o recém--chegado de modo paterno e, "com uma caridade digna de

---

para a restituição na aula do Senado (*curia*) do altar da deusa Vitória, removido por Constâncio, novamente colocado sob Juliano, tirado por Graciano e, sucessivamente, recolocado por breve tempo por Eugênio até o seu definitivo desaparecimento, junto com outros vestígios do culto pagão. À petição de Símaco, Ambrósio tinha replicado vigorosamente (*Ep. XVIII*), conseguindo que a disposição imperial não fosse abolida.

[7] Tinha sido concedido a Agostinho, para sua transferência para Milão, valer-se dos meios de transporte público (*Conf.* V, 13.23): detalhe que sublinha posteriormente a importância do posto que estava indo assumir. A transferência, de fato, revestia um caráter de oficialidade e acontecia, por isso, às expensas do Estado, utilizando os cavalos e os carros do correio imperial. Para chegar de Roma a Milão, Agostinho devia percorrer a Via Flamínia (construída por C. Flamínio em 220 a.C.) até Rímini; depois a via Emília (construída por M. Emílio Lépido em 187 a.C.) até Piacenza e, daqui, o último trecho de estrada consular que levava de Piacenza a Lodi Vecchio e de Lodi Vecchio a Milão (com entrada pela Porta Romana). Ao longo do percurso havia alguns pontos estratégicos, geralmente correspondentes às estações militares (*stationes*), onde acontecia a troca dos cavalos (*mutatio*), providenciava-se o alimento e outras provisões e eventualmente se parava também para dormir (*mansio*). Para um tratado específico sobre estradas da Lombardia, cf. PALESTRA, Ambrogio. *Strade romane nella Lombardia ambrosiana*. Milano, Ned, 1984.

[8] PARONETTO, Vera. *Agostino. Messaggio di una vita*. Roma, Studium, 1981, p. 46.

[9] Cf. CRIVELLI, Luigi. *Ambrogio e Agostino. Il significato di un incontro*. Milano, Olivares, 2003. Cf. também GARZONIO, Marco. *La Vita di Ambrogio narrata da Agostino*. Casale Monferrato, Piemme, 2003².

um bispo", se alegra com a sua vinda.[10] Essa amabilidade de Ambrósio dispõe favoravelmente Agostinho, que começa a se aproximar da sua pregação e dos seus ensinamentos. Nos inícios é somente uma escuta superficial, atenta mais que outra coisa à forma, como para verificar se a eloquência de Ambrósio estava realmente de acordo com a fama de que gozava. A palavra persuasiva e douta de Ambrósio o encanta exteriormente, mas não o conquista no seu íntimo.

Todavia, quanto mais Agostinho o escuta, mas se abre a uma atitude de simpatia em relação a ele. E é neste ponto que quereria poder encontrá-lo para poder discutir longamente com ele, submeter-lhe os seus problemas, confiar-lhe as suas inquietações. Absorvido por uma não fácil ação de governo, não menos que por uma intensa atividade pastoral e doutrinal, Ambrósio não tem tempo, no entanto, de satisfazer os interesses especulativos e teológicos de Agostinho, atendendo-o em discussões dialéticas que provavelmente considerava até improdutivas com o fim de uma aproximação concreta a Deus. Assim, Agostinho se lamenta vivamente por não conseguir encontrar uma abertura em Ambrósio;[11] por não poder interrogá-lo sobre aquilo que gostaria e necessitava,[12] para matar a sua sede de certezas.[13] Nem, por outro lado, ousa perturbá-lo nos poucos momentos em que o encontra livre, preocupado em recriar o espírito em concentrada leitura.[14]

Mesmo sem nunca conseguir estabelecer com Ambrósio uma relação pessoal, Agostinho continua, porém, a

---

[10] *Conf.* V, 13.23.
[11] *Sol.* II, 14.26.
[12] *Conf.* VI, 3.3, 3.4.
[13] *Sol.* II, 14.26.
[14] *Conf.* VI, 3.3.

seguir assiduamente a pregação do bispo. Este, talvez – com a sua atitude prolongada de silêncio e reserva –, queria fazer entender a Agostinho que não lhe serviam tanto disputas filosóficas e religiosas, mas mais um encontro com a palavra viva do Senhor. E de fato a pregação de Ambrósio exercerá sobre ele uma influência determinante.

Todo domingo,[15] o jovem reitor que o escuta comentar as Escrituras perde alguma dúvida e ganha certa certeza. Já não são mais somente a forma, o som, a beleza das palavras que o atraem e o conquistam, como nos primeiros momentos.[16] Provavelmente já no final de 385, Agostinho presta muita atenção também nos conteúdos[17] e faz uma verificação das suas posições à luz dos ensinamentos de Ambrósio. Ouvindo expor e muito frequentemente dirimir por ele alguns pontos difíceis do Antigo Testamento,[18] os ataques e as objeções dos maniqueus à verdade e à autoridade da Bíblia começam a perder consistência.[19] Descobre que o homem foi feito à imagem e semelhança de Deus, mas não no sentido de uma representação de Deus sob forma de corpo humano.[20] A ideia antropomórfica de Deus é abandonada à luz de uma reta interpretação cristã da criação, assim como se dissipa a concepção segundo a qual Cristo, assumindo substância corpórea, teria sido, por isso mesmo, contaminado pela carne, perdendo os seus atributos de perfeição e infinidade.[21]

---

[15] *Conf.* VI, 3.4.
[16] *Conf.* V, 13,13.
[17] *Conf.* V, 14.24.
[18] Ibid.
[19] *Conf.* VI, 3.4.
[20] Ibid.
[21] *Conf.* V, 10.20.

A interpretação espiritual feita por Ambrósio[22] lhe projeta, portanto, um novo modo de entender as Escrituras e, através dele, Agostinho se move para a compreensão do mistério providencial de Deus.

A influência de Simpliciano

Há, porém, em Milão, além de Ambrósio, outra figura que ocupa lugar de primeiro plano na conversão de Agostinho: Simpliciano.[23] Agostinho não só encontra nele aquela

---

[22] Este tipo de interpretação visava colher na "letra" dos textos bíblicos a "figura" de conceitos e ideias que estavam por trás das aparências imediatas. Isto é, atrás dos fatos e personagens era vista uma alegoria, que expressava Cristo e o seu mistério. Esta concepção – derivada de Filão de Alexandria – se torna em Orígenes e na Escola Alexandrina a chave que permite ver, além da imagem e do sentido literal, o significado último das Escrituras. Nesta linha se coloca Ambrósio que, embora fiel à letra, não para nela, a fim de não dar valor às "folhas" (a interpretação material) mais que aos "frutos" (a interpretação espiritual). Cf. S. AMBROGIO. *Il Giardino piantato a Oriente – "De paradiso"*. Introdução de Umberto Mattioli e notas de Carlo Mazza. Torino, Edizioni Paoline, 1981, p. 138 (cap. XIII, 66). Sobre os caracteres da pregação e da exegese de Ambrósio, cf. pelo menos ACCURSIO, Francesco Memoli. Originalità, fortuna e arte di um nuovo genere Cristiano: il sermone latino Cristiano. In: *Nuovo Didaskaleion* 14 (1964), p. 57-90; PIZZOLATO, Luigi Franco. *La explanatio psalmorum XII. Studio letterario sulla esegesi di S. Ambrogio*. Milano, Vita e Pensiero, 1978; Nauroy, Gérard. L'Écriture dans la pastorale d'Amboise de Milan. In: *Le monde antique et la Bible* (v. II da coleção "Bible de tous les temps"), organizado por Jacques Fontaine et Charles Pietri. Paris, Beauchesne, 1985, pp. 371-408; MASCHIO, Giorgio. *Ambrogio di Milano e la Bibbia*. Brescia, Queriniana, 2004.

[23] Sobre ele veja-se a bibliografia de CRIVELLI, Luigi. *Simpliciano*. Cinisello Balsamo, Edizioni San Paolo, 19942. De provável origem milanesa, Simpliciano (nascido por volta de 320) havia morado por algum tempo em Roma, onde, entre outras coisas, tinha estreitado relações de amizade com Gaio Mário Vitorino, o filósofo e reitor africano convertido ao Cristianismo por volta de 355. Depois de longas viagens, retornaria a Milão, começando a fazer parte do clero local. Sacerdote piedosíssimo, é recordado por Agostinho – que lhe dedicará o tratado *De diversis quaestionibus* (396-398) – como pai espiritual e conselheiro de Ambrósio, ao qual sucederá na cátedra ambrosiana por quase quatro anos (397-400). É interessante recordar também que Simpliciano – sepultado na basílica paleocristã que leva o seu nome e que inicialmente era intitulada a Maria e a todas as Santas Virgens e, sucessivamente, aos mártires anaunienses (Sisínio, Martírio e Alessandro, muito venerados pelos milaneses) – foi objeto de uma

disponibilidade de tempo e de sentimentos que em vão havia procurado em Ambrósio, mas também a riqueza de uma experiência e de uma sabedoria não comuns. Abre-lhe o coração e pede conselhos, encontrando-o sempre pai e mestre.[24] Simpliciano, na prática, exerce em relação a Agostinho uma dupla função: de orientação intelectual e de direção espiritual. Ele aperfeiçoa no plano filosófico e moral aquilo que Ambrósio havia indicado no plano exegético e doutrinal, mas, sobretudo, coloca diante de Agostinho a imagem de um Cristianismo inseparável no seu dinamismo de fé e de vida: não, portanto, um Cristianismo que permanece especulação abstrata, mas que se torna testemunho concreto; que não se resolve num fato privado da consciência, mas que envolve toda a existência, no mesmo sinal do amor do Verbo que se fez carne e fixou morada entre os homens.

O exemplo da conversão – entre 358 e 361 – do amigo Vitorino[25] se insere neste contexto. Simpliciano entende, antes de tudo, mostrar como a leitura dos filósofos neoplatônicos, aos quais Agostinho está se dedicando naquele momento, não está em contraste com o seu aprofundamento na fé; antes, pode ser-lhe útil, visto que os escritos dos neoplatônicos sugerem "de todos os modos a ideia de Deus e do seu Verbo".[26] Sobre

---

solene trasladação, uma das maiores trasladações de santos e mártires já acontecida em Milão (27 de maio de 1582). As suas relíquias – com as de outros quatro santos arcebispos milaneses (Gerôncio, Benigno, Antonino e Ampélio) e dos já recordados mártires do Val di Non – foram levadas em procissão da igreja de S. Simpliciano para a Catedral e retorno, na presença de uma turba enorme, calculada em mais de 400 mil pessoas. Essa trasladação passará para a história como trasladação de São Simpliciano, porque São Carlos a havia querido, sobretudo, para honrar a santidade e a sabedoria deste grande bispo e indicá-lo como exemplo da piedade cristã. Cf. sobre este ponto CRIVELLI, Luigi. *Con San Carlo per le vie di Milano*. Milano, Ned, 1982.

[24] *Conf.* VIII, 1.1.

[25] *Conf.* VIII, 2.3.

[26] *Conf.* VIII, 2.3.

este ponto ele identifica, então, contatos entre filosofia neoplatônica e Cristianismo. Depois Simpliciano, para exortar Agostinho à humildade de Cristo, lhe propõe o exemplo de um personagem ilustre como Vitorino,[27] que, com grande surpresa da Roma pagã, não hesita em se fazer discípulo de Cristo.[28] Através do exemplo de Vitorino, Simpliciano indica a Agostinho a necessidade de que a adesão de fé encontre plenitude na graça e na comunhão da Igreja[29] e que não falte nunca a coragem de dar testemunho da verdade.[30]

O exemplo de uma Igreja viva

Agostinho tem diante dos olhos também o exemplo de uma Igreja viva, um povo unido na celebração eucarística, atento à pregação, ativo nos cuidados pastorais. Vê uma cidade que constrói basílicas e dá grande valor ao culto dos mártires. Experimenta o vigor de uma Igreja que luta, a alegria de uma

---

[27] Além de reitor e autor de obras de filosofia e gramática, era célebre como tradutor (Platão, Aristóteles, Porfírio etc.) e comentarista (Cícero). Em honra de Vitorino, tinha sido justamente erigida uma estátua no Fórum de Trajano (*Conf*. VIII, 2.3). Sobre Vitorino, cf. Hadot, Pierre. *Marius Victorinus. Recherches sur sa vie et ses oeuvres*. Paris, Études Augustiniennes, 1971.

[28] *Conf*. VIII, 2.3. Como enquadramento geral ao tema da conversão e da penetração do Cristianismo nos primeiros séculos, cf. Nock, Arthur D. *La conversione. Società e religione nel mondo antico*. Trad. de Mario Carpitella. Bari-Roma, Laterza, 19852; Bardy, Gustave. *La conversione al cristianesimo nei primi secoli*. Trad. de Giuseppe Ruggieri. Milano, Jaca Book, 20023; Aubin, Paul. *Le problème de la "conversion". Étude sur un terme commun à l'hellénisme et au christianisme des trois premiers siècles*. Paris, Beauchesne, 1963; Siniscalco, Paolo. *Il cammino di Cristo nell'impero romano*. Bari-Roma, Laterza, 20045; MacMullen, Ramsay. *Christianizing the Roman empire (A. D. 100-400)*. New Haven-London, Yale University Press, 1984; *Conversione e storia*. Palermo, Augustinus, 1987 (especialmente Mara, Maria Grazia, *La conversione di Agostino e la fine del mondo antico*, pp. 37-48); *La conversione religiosa nei primi quattro secoli*. Roma, Pontificio Istituto Augustinianum, 1987.

[29] *Conf*. VIII, 2.4.

[30] *Conf*. VIII, 2.5; VIII, 5.10.

Igreja que reza, a força de uma Igreja que canta, também nas horas mais escuras, orgulhosa da própria fé e forte da própria unidade. Descobre que Milão hospeda até comunidades dedicadas à solidão do deserto e à prática do ascetismo cristão.[31] Essa experiência de Igreja não pode deixá-lo indiferente, antes – sensível como é ao poder persuasivo dos exemplos –, fica profundamente tocado por aquilo que vê e por aquilo que autorizadamente lhe é referido. É sintomático a respeito o efeito tido pela narração de Ponticiano.[32] A figura do monge egípcio Antão[33] e a sua influência sobre a conversão dos dois altos personagens da corte imperial, e das respectivas noivas[34] – como se lê no Livro VIII das *Confissões* –, provocam em Agostinho um forte abalo emotivo. Ele não é somente tomado de sobressalto e admiração pelos fatos extraordinários que escuta e dos quais não tem conhecimento, mas é solicitado pelo fato de que pode ser tocado a tal ponto pelo testemunho heroico da virtude capaz de abandonar tudo (carreira, honras, casamento) por um ideal de vida luminosamente aparecido no horizonte. O exemplo das comunidades monásticas que nascem e se multiplicam tem uma força de fascínio que atrai. Faz Agostinho refletir sobre a sua condição de miséria,

---

[31] *Conf.* VIII, 6.15. É uma demonstração posterior de que Milão era também um centro propulsor da vida monástica entre o clero e é possível que justamente aqui – como considerava Muratori – tenha tido origem o mais antigo mosteiro itálico. Sobre as origens do monaquismo na Itália antes de São Bento, cf. Penco, Gregorio. *Storia del monachesimo in Italia dalle origini alla fine del Medioevo*. Milano, Jaca Book, 19953, pp. 39-41.

[32] *Conf.* VIII, 6,14.

[33] Antão – nasceu em Coma, no Egito, em 251 e morreu em 355 ou 356 – é uma das maiores figuras do monaquismo. A vida e, sobretudo, a espiritualidade do santo nos são transmitidas pela *Vita di Antonio* (357), uma obra escrita pelo bispo de Alexandria do Egito, Atanásio, que teve imensa sorte e larga influência, tornando-se bem depressa não só o principal modelo do gênero biográfico, mas também um poderoso propulsor de vida monástica.

[34] *Conf.* VIII, 6.15.

opacidade e incerteza no caminho para o bem, sem, porém, encerrá-lo num pessimismo paralisante, mas reforçando nele o desejo de tomar a mais difícil das decisões: pronunciar um total e definitivo sim a Deus.

O papel de Mônica

Sobre esta sofrida decisão de Agostinho tem, por último, um papel fundamental também a presença vigilante e preocupada da mãe, sempre pronta a segui-lo, assídua em lutar por ele, incansável no chorar e no rezar pela sua conversão. A força da sua piedade a faz superar qualquer obstáculo e perigo,[35] até o de estar ao lado deste filho perdido, mas nunca perde a esperança de poder encontrá-lo, antes de morrer, reunido à família dos fiéis.[36] Já no início da primavera de 385,[37] Mônica vai até Agostinho em Milão, e Ambrósio logo se torna para ela uma âncora de salvação: o homem da Providência ao qual pode confiar as angústias de longos anos e a quem pode pedir socorro. Deve-se a ela aquele encontro de Agostinho com Ambrósio do qual derivariam tão abundantes frutos espirituais, porque através da pregação do bispo e especialmente do seu comentário às Escrituras, seria aberta uma passagem na linha de rejeição e ceticismo de Agostinho, criando nele as premissas para uma reconsideração da credibilidade da fé católica. Deste ponto de vista, o encontro com Ambrósio é como uma inesperada iluminação, porque oferece a Agostinho

---

[35] *Conf.* VI, 1.1.

[36] Ibid.

[37] Existe concordância nesta retrodatação, de junho – segundo a hipótese de Pierre Courcelle (*Recherches sur les Confessions de Saint Augustin.* Paris, Boccard, 1968², p. 85) – para os primeiros meses da primavera, da chegada de Mônica a Milão, pelos motivos aduzidos por Aimé Solignac na introdução à sua edição das *Confissões.* Cf. *Les Confessions*, v. I. Paris, Desclée de Brouwer, 1980, p. 141, n. 1.

a ocasião não só de se recolocar em discussão, mas – o que é mais importante – de fazê-lo dentro de uma perspectiva que já o deixa claramente a entrever um caminho para o qual pode decididamente orientar os seus passos.

Se Mônica é importante no processo de conversão de Agostinho por este seu papel inicial de mediação, ela, no entanto, o é também em virtude do seu testemunho direto no viver a fé: assídua nas celebrações, cheia de fervor na oração e nos cânticos, atenta aos ensinamentos do bispo, fiel às suas disposições, mesmo quando lhe custam muito (como na proibição de levar comida e bebida para fazer libações nos túmulos dos mártires, segundo o uso da Igreja africana).[38] De Mônica, Agostinho aprende, mais que em qualquer outro momento passado – porque interiormente mais sensível e mais bem-disposto –, o que significa crer além de uma pura e simples adesão intelectual, e o que o crer, portanto, comporta no plano da autoridade e do magistério, da prática e da moral, da caridade e do serviço. Mônica lhe oferece substancialmente, em luminoso compêndio, o sentido da pertença a Deus e à Igreja, na coerência e na tenacidade de uma vida empregada – sofrendo, esperando e amando – para ser mãe e mestra sempre, no espírito do Senhor.[39]

---

[38] *Conf.* VI, 2.2.

[39] Sobre a figura de Mônica, veja-se, entre os ensaios recentes e de caráter mais geral, GALBO, Giovanni. *Santa Monica*. Cinisello Balsamo, Edizioni San Paolo, 2003; SAGINARIO, Giulietta. *Monnica mia madre. Biografia critica della madre di Agostino*. Roma, Città Nuova, 2005, além da antologia *Mia madre*, organizada por Agostino Trapè, ivi, 2000[8].

A leitura dos neoplatônicos

Agostinho tem, portanto, ao redor de si homens e exemplos que, por um lado ou por outro, o ajudam a compreender e a encontrar razões para dar o passo decisivo da guinada. No plano intelectual, porém, tem ainda necessidade de verificações e pontos de apoio. Também sob este aspecto a pregação de Ambrósio, os contatos com Simpliciano, os encontros com personagens importantes do ambiente cultural milanês se revelam preciosos. Ele é, de fato, introduzido num círculo onde estão muito em voga a leitura e a discussão dos filósofos neoplatônicos e, em primeiro lugar, de Plotino,[40] o seu principal representante. Não se deve estranhar este abraço entre filosofia cristã e filosofia pagã, porque naquele tempo, em Milão mais que em Roma, o confronto com o pensamento plotiniano era ocasião constante de sínteses e elaborações que, mesmo assimilando conceitos e intuições da filosofia neoplatônica no plano metafísico e espiritual, colocavam em evidência a inconfundível originalidade da mensagem cristã.

Também Agostinho entra, por isso, em contato com a obra de Plotino, submete-a a exame, procura entendê-la com Simpliciano, com Manlio Teodoro e com outros amigos do círculo milanês, e, sobretudo, a filtra através da exegese de Ambrósio, que faz não raramente uma combinação singular

---

[40] O neoplatonismo, como endereço filosófico doutrinalmente definido, nasce na primeira metade do século III, na escola Alexandrina fundada por Amônio Sacca, em 232, e se estende até o edito de Justiniano, com quem se ordena o fechamento das escolas filosóficas de Atenas (529). Plotino, nascido em Licopoli (Egito) em 204 ou 205 e morto em Roma em 270, é o autor das *Enéadas*. A fonte biográfica principal é a *Vida de Plotino*, escrita pelo discípulo predileto, Porfírio, e por ele anteposta à edição da obra maior de Plotino. Sobre Plotino e o neoplatonismo existe uma literatura vastíssima. Limitamo-nos aqui a indicar BEIERWALTES, Werner. *Agostino e il neoplatonismo Cristiano*. Milano, Vita e Pensiero, 1995; O'DALY, Gerard. *Platonism pagan and christian. Studis in Plotinus and Augustine*. Aldershot, Ashgate, 2001.

de ideias e linguagem plotinianas com conceitos e expressões bíblicas.

Aquilo que Agostinho procura de maneira especial, naquela delicada fase de seu trabalho religioso, é encontrar apoios seguros para superar dois grandes obstáculos: a ideia materialista de Deus e o problema da origem do mal. A filosofia platônica – à qual teve acesso através das traduções de Mário Vitorino, o amigo de Simpliciano – lhe parece idônea para oferecer uma resposta certa e definitiva neste sentido. Abre-se, de fato, para Agostinho a visão de um reino transcendente; ele descobre a realidade espiritual de Deus e da alma e identifica na interioridade a dimensão própria do homem que quer conquistar a si mesmo e subir até Deus.

No entanto, "o incrível incêndio"[41] que a leitura dos neoplatônicos provoca logo se aplaca nele sob o impacto de um dilema, não mais metafísico, mas teológico, que começa a atormentá-lo: o problema da mediação de Cristo, o Verbo que aceita humildemente a condição humana para resgatá-la e levar o homem à salvação. Sobre este ponto, central e decisivo, o neoplatonismo não tem nem pode fornecer respostas. Desagregando-se este pilar, Agostinho vê ruir também o resto da estrutura. Ainda uma vez o porto entrevisto se distancia. Mas se uma grande esperança se apaga, a consciência de uma verdade que começa a amadurecer o abre para uma esperança ainda maior.

Assim, a filosofia neoplatônica é para Agostinho não só um fermento especulativo útil para receber algumas importantes ideias, mas, mostrando o seu limite insuperável, acaba explanando-lhe mais claramente o caminho da essência e da verdade do Cristianismo. Agostinho, de fato, não se converte ao neoplatonismo, que marca um ponto de guinada, mas é, no

---

[41] *Acad.* II, 2.5.

entanto, uma etapa no caminho da conversão. Agostinho se converte a Cristo ou, então, se reconverte a Cristo, dado que no seu coração não o havia nunca abandonado.[42]

A revelação de Paulo

A Escritura – que naquele momento Agostinho havia mais ouvido que lido – se torna a fonte primeira à qual se achega para encontrar as respostas que procura. Põe-se em primeiro lugar a aprofundar e meditar o apóstolo Paulo com grande atenção e interesse,[43] e Paulo não o desilude. Resolve-lhe muitas dúvidas e contradições, e, sobretudo, acompanhando-o na estrada mestra do Deus da revelação, lhe esclarece o mesmo fundamento da fé do qual tudo toma luz. Por Paulo, Agostinho é guiado à sabedoria da humildade,[44] que leva ao reconhecimento do desígnio providencial de Deus pelo homem, realizado por meio de Jesus Cristo.[45] E através do exemplo de Cristo, que se faz caminho de salvação,[46] Agostinho aprende a meta para chegar e, ao mesmo tempo, o caminho que é preciso percorrer para atingi-la.[47] Se este é o êxito da leitura de Paulo[48] – como na realidade é, também

---

[42] *Conf.* III, 4.8.

[43] *Acad.* II, 2.5. Também *Conf.* VIII, 21.27 confirma a "grande avidez" com a qual Agostinho se empenha na leitura de Paulo (*avidissime arripui*).

[44] *Conf.* VII, 20.26.

[45] *Conf.* VII, 21.27.

[46] *Conf.* VII, 20.26.

[47] Ibid.

[48] Sobre a leitura e a utilização de Paulo por parte de Agostinho, remete-se, para uma visão introdutória de conjunto, além do objeto específico do ensaio, a DELAROCHE, Bruno. *Saint Augustin lecteur et interprète de saint Paul dans le "De peccatorum meritis et remissione"* (hiver 411-412). Paris, Institut d'Études augustiniennes, 1996 (com relativa bibliografia). Veja-se também *Agostino interprete di Paolo. Commento di alcune questioni tratte dalla Lettera ai Romani – Commento incompiuto della*

a julgar pela colocação central que o tema cristológico terá depois na reflexão agostiniana –, se deve dizer que o Apóstolo representa realmente o momento revelador, no qual Deus dissipa na mente de Agostinho todo véu de escuridão para colocar diante dele a inefabilidade do dom de Deus e do chamado do homem para uma vocação eterna.

Caídas as resistências da razão, restam, porém, ainda as resistências de uma prática de vida imoral que lançou raízes profundas. O caminho estreito de Cristo comporta, no entanto, sacrifícios e empenhos precisos também no plano moral; e Paulo, também nisto, é claro e peremptório no exortá-lo a abandonar os desejos e as paixões impuras como passo obrigatório para servir ao Senhor.[49] Mas o momento da decisão é sempre atormentado ou, melhor dizendo, dilacerante. As *Confissões* não podiam, em relação a isto, fotografar melhor o estado de alma de alguém que, literalmente, arranca a si mesmo da vida passada para se agarrar à nova vida: certamente libertadora e feliz, mas à qual primeiro a mente e depois o corpo têm dificuldade para se adequar.

Lettera ai Romani. Org. por MARA, Maria Grazia. Milano, Paoline, 1993; *Engaging Augustine on Romans*. Edited by Daniel Patte and Eugene TeSelle. Harrisburg, Trinity Press International, 2002.

[49] *Conf.* VIII, 12.29.

V

A CHEGADA AO PORTO

A conversão de Agostinho não apresenta, portanto, os caracteres fulgurantes de outras conversões, do mundo antigo como da nossa época, mas é o espelho de um lento e sofrido itinerário espiritual. A iluminação tida no jardim da casa em Milão – com o convite urgente para ler ("Toma, lê, toma, lê!") o capítulo XIII, 13-14, da Carta aos Romanos – é o momento conclusivo no qual as trevas da dúvida se dissolvem e Agostinho é "inundado por uma luz de certeza".[1] Mas o caminho para chegar a essa certeza – que radicalmente muda o curso da sua vida – é feito de várias etapas.

Os caracteres da conversão

A primeira etapa é o total esvaziamento ao qual Agostinho deve submeter o seu ser interior. O homem, tendo passado por tantas experiências, encontros e leituras, se dá conta de que não perseguiu e amou outra coisa senão sombras: figuras sem consistência que o atraíram num perigoso jogo de enganos. E, se agora o conforta o pensamento de ter visto luzes seguras às quais se referir, não é menos amarga a constatação de ter gastado tantos anos a cumular peso inútil: aqueles bens prejudiciais ou infecundos que ocuparam o lugar das riquezas verdadeiras e duráveis.

---

[1] *Conf.* VIII, 12.29.

Uma espécie de preliminar agitação psicológica e mental precede, portanto, a mudança total do pensar e do crer conforme o Espírito. A segunda etapa é, de fato, constituída do momento propriamente teológico e espiritual da conversão, quando o tenaz e sutil racionalismo de Agostinho é corrigido e guiado, nutrido e dilatado até assumir não somente a inteligência, mas também o respiro profundo da fé, não somente a justa visão de Deus, mas também a plena consciência da autoridade e da comunhão sacramental da Igreja.

Há, finalmente, a terceira etapa da conversão, a qual ensina que não basta ter aprendido a crer: aquilo que é difícil, definitivamente, é viver aquilo que se crê. A conversão moral é aquela que custa mais a Agostinho, porque sobre este ponto é tão insistente e desapiedado em desnudar as numerosas passagens do seu drama interior: o homem combatido, em perene conflito consigo mesmo, para procurar assumir um comportamento de vida coerentemente cristão. Mesmo quando grande parte dos argumentos que o afastou da fé da infância perde irremediavelmente consistência sob o crivo da sua lúcida verificação filosófica e religiosa, o peso de paixões e práticas de vida imorais já enraizadas lhe paralisam a alma e o impedem de dar o passo decisivo.[2] Antes é a longa convivência com a mãe de Adeodato, que, porém, num certo momento sai silenciosamente de cena, para não ser obstáculo ao casamento[3] pedido insistentemente por Mônica. Deixa-lhe o filho, volta para a África e se consagra a Deus.[4] Depois, na espera de um casamento adequado – aquele que provavelmente a jovem cartaginesa não lhe podia proporcionar por

---

[2] *Conf.* VIII, 7.18.

[3] *Conf.* VI, 15.25.

[4] Ibid. Uma reconstrução eficaz da figura da mãe de Adeodato foi feita, em chave narrativa, por De Rocco, Noris. *La donna senza nome*. Barzago, Marna, 2002.

motivo da sua baixa condição social –, é a ligação com outra mulher, da qual Agostinho não consegue se afastar, escravo como é, há muito tempo, da sua desenfreada sexualidade.[5] Finalmente, é a perspectiva mesma do casamento que lhe cria não poucos dilemas porque, segundo o seu novo ideal de vida, ele não só quer se libertar dos amores reprováveis – a "cadeia da concupiscência carnal"[6] –, mas pretende renunciar também às alegrias legítimas do amor conjugal para escolher um estado de vida mais perfeito. E para esta meta a mulher e a família representam um obstáculo ou, de alguma forma, um forte condicionamento.

A vitória sobre a vontade

Para traduzir no plano prático estes propósitos, Agostinho precisaria realizar um corte definitivo com o passado. Aquilo que lhe falta, no entanto, é justamente a coragem de uma vontade nova e radical que rompa as antigas cadeias: a escravidão das paixões, da qual nasce o hábito para o pecado, o qual gera, por sua vez, uma condição de necessidade.[7] Nessa luta extenuante da alma, combatida entre o impulso para o bem e o atrativo do mal, sob "a força impetuosa do hábito",[8] se consuma o drama de Agostinho. Um alternar-se de sentimentos e atitudes que encontra, ainda uma vez, nas *Confissões* páginas de rara sinceridade e fineza psicológica:

> Assim, a vida do mundo era para mim um peso suave, como acontece nos sonhos, e os pensamentos com os quais me dirigia

---

[5] *Conf.* VI, 15,25.
[6] *Conf.* VIII, 6,13.
[7] *Conf.* VIII, 5,10; VIII, 5.11.
[8] *Conf.* VIII, 5.12.

a ti se assemelhavam às tentativas daqueles que querem despertar, mas vencidos pela intensidade do sono, tornam ao torpor de antes.

Ninguém quer dormir constantemente; ao contrário, há quem julgue que é melhor estar desperto, mas quando o corpo está todo entorpecido pelo sono, muitas vezes o homem retarda o momento do despertar e, embora a contragosto, fica feliz por usufruí-lo ainda por algum tempo, mesmo tendo já chegado a hora de se levantar. Do mesmo modo, de um lado, estava certo que era melhor entregar-me ao serviço do teu amor, ao invés de ceder à minha paixão; por outro, porém, se o primeiro me agradava e me atraía, a segunda me agradava ainda mais e me conquistava. Não sabia, na realidade, o que responder a ti que me dizias: "tu que dormes, desperta e levanta-te de entre os mortos, e Cristo te iluminará". Por toda parte se manifestava a verdade das tuas palavras, e eu, embora subjugado pela verdade, não sabia te responder senão estas palavras preguiçosas e sonolentas: "agora, sim; daqui a pouco; espera ainda um momento". Porém, todos aqueles "agora", "daqui a pouco", não terminavam nunca e também aquele espera ainda um momento ia se prolongando.[9]

A vontade fraca de Agostinho sofre assim contínuas derrotas. O fio que o liga à sua cadeia, embora cada vez mais sutil com o passar dos meses, resiste e não se rompe nunca totalmente, fazendo-o temer que possa readquirir consistência e mantê-lo ligado mais que antes.[10]

Repetia de mim para mim: vamos, avante! Este é o momento apropriado, e com palavras já partia para a decisão final. Estava quase para agir e, no entanto, ainda não conseguia, e mesmo não voltando ao ponto de partida, parava lá para respirar aquele ar. Depois tentava novamente, a meta já estava perto, cada vez mais perto, ainda um pouco e finalmente a teria tocado e seria minha. E, no entanto, não, a meta estava mais além, não a tocava e não era minha, porque ainda hesitava em morrer para a morte e em

---

[9] Ibid.

[10] *Conf.* VIII, 11.25.

ressurgir para a vida. O mal que estava enraizado em mim me dominava mais que o bem ao qual não estava ainda habituado, e quanto mais se aproximava o momento de me transformar em outro homem, maior era o pavor que me invadia. Não me impelia para trás, não me fazia mudar de caminho, mas não me fazia também ir adiante.[11]

Até que, enfim, a vontade boa vence. As vozes do passado o solicitam de modo cada vez mais fraco, a "casta virtude da continência, com o seu sorriso sereno e discreto"[12] começa a atraí-lo, sob o estímulo de infinitos bom exemplos: crianças, jovens, pessoas de toda idade e condição que já a escolheram, encontrando-a fecunda e portadora de alegria.[13]

A experiência de Deus

Pode-se compreender como – superado esse árduo obstáculo da vontade – Agostinho sinta próxima a sua libertação. Abandonado todo projeto e desejo terreno (inclusive o de se casar); já firme nos princípios essenciais da fé; quebrados também os últimos laços da vontade perversa, ele começa a emergir do fundo de si mesmo e, inchado de lágrimas, depois de uma tempestade tão furiosa,[14] vê finalmente o porto suspirado. É fácil imaginar a intensidade dos gritos e das súplicas daqueles momentos decisivos e depois o suspiro da sua alma, que saboreia a alegria íntima do encontro e da paz com o Senhor.

---

[11] Ibid.
[12] *Conf.* VIII, 11.27.
[13] Ibid.
[14] *Conf.* VIII, 12.28.

Nesse itinerário de conversão – para contemplá-lo numa visão de conjunto – se reconhece, antes de tudo, a recuperação rigorosamente racional de uma religião até então sentida como fenômeno de superstição ou fato ritual, de pouca relevância para os objetivos de uma séria pesquisa intelectual. O ponto de chegada, porém, não é somente uma conversão filosófica nem somente uma conversão religiosa entendida racionalmente. Confluem, de fato, em Agostinho, duas realidades que se ligam num movimento mais amplo do Espírito, onde Deus não permanece unicamente certeza da mente, mas se torna presença substancial da vida, portanto, também princípio de uma diferente relação e dinamismo de fé. Não teria bastado, na realidade, uma mais adequada aquisição do conceito de Deus. A forte necessidade de racionalidade que acompanha Agostinho no caminho do retorno ao porto – assim como nos anos juvenis o havia induzido a uma navegação sem meta – deve ser considerada fundamental, mas ainda não suficiente. Há, de fato, outra e não menos importante exigência: a de levar Deus na vida e de experimentar a sua sabedoria e verdade na plenitude da intimidade com ele.

Assim, no itinerário agostiniano, este duplo e inseparável momento intelectual e religioso leva à sublime descoberta da totalidade de Deus, que é a resposta perfeita e definitiva para toda inquietude e anseio da alma. "Deus no qual habitar é viver"[15] – exclama Agostinho na admirável oração de abertura dos *Solilóquios*, e neste seu louvor reconhecemos já o testemunho do homem que alegremente experimentou a estabilidade e a paz da comunhão com Deus e para ela quer orientar totalmente a própria existência ("Agora amo somente a ti, sigo somente a ti, busco somente a ti, estou pronto a servir

---

[15] *Sol.* I, 1.3.

somente a ti").[16] Mesmo que não tenha ainda resolvido vários problemas de natureza teológica, Agostinho está já seguro da direção da caminhada. Libertou-se do seu passado de erros, está pronto para aceitar aquilo que a autoridade da Igreja lhe pede e a colocar em prática os ensinamentos do Evangelho. Compreendeu finalmente qual é o horizonte da esperança cristã e, sustentado pela mesma graça que o acompanhou no caminho do retorno, se empenha para colocá-la como fundamento da própria vida.[17]

O tempo do recolhimento

Assim, a conversão logo coloca Agostinho – firme no propósito de abandonar as "delícias fúteis"[18] e os pensamentos obsessivos do passado[19] – diante de novas escolhas. Ele toma, antes de tudo, a decisão de renunciar à profissão de reitor – que já se tornou aos seus olhos nada mais que um "mercado de palavras vãs",[20] aduzindo como pretexto também as más condições de saúde (dificuldade de respiração, dores no peito, cansaço para falar) que não lhe permitiam mais fazer frente a empenhos escolares tão pesados. Não interrompe, porém, improvisamente, o ensino, para não atrair sobre si clamores inúteis e provocar ilações sem fim;[21] considerada, além de

---

[16] *Sol.* I, 1.5.

[17] Como resumo dos vários aspectos ligados à conversão de Agostinho, cf. *Agostino e la conversione cristiana*, organizado por Adriano Caprioli e Luciano Vaccaro. Palermo, Augustinus, 1987.

[18] *Conf.* IX, 1.1.

[19] Ibid.

[20] *Conf.* IX, 2.2.

[21] *Conf.* IX, 2.3.

tudo, a iminente conclusão do ano escolar. Prefere assim esperar o fim das férias da colheita para apresentar as demissões.[22]

As férias – que em Milão começavam no dia 23 de agosto para terminar no dia 14 de outubro – representam para Agostinho não somente uma pausa libertadora de um trabalho que o oprime e que interiormente já rejeitou, mas, sobretudo, a ocasião de um repouso restaurador depois das tensões e dos problemas dos meses anteriores. Um amigo e colega de nome Verecundo, proprietário de uma casa de campo em Cassicíaco,[23] não muito distante de Milão, se oferece generosamente para hospedá-lo por todo o tempo que fosse necessário para recuperar as forças e para amadurecer as próprias decisões. Agostinho aceita o convite e aproveita a oportunidade que lhe é oferecida para se rodear de familiares e amigos com os quais se propõe compartilhar uma experiência nova de fraternidade e de diálogo. Na vila de Verecundo em Cassicíaco estão, de fato, também a mãe Mônica, o irmão Navígio, o filho Adeodato, o amigo Alípio,

---

[22] *Conf.* IX, 5,13.

[23] Há muito tempo se discute o nome da localidade correspondente ao Cassicíaco da permanência de Agostinho. Pelas confirmações históricas, documentações toponomásticas, descobertas arqueológicas e tradições devocionais locais (consolidados a partir do século VII), parece que a antiga Cassicíaco possa ser identificada, com mais forte probabilidade, com a atual Cassago Brianza (província de Lecco, diocese de Milão), mesmo se as razões histórico-linguísticas adotadas pelos sustentadores da identificação de Cassicíaco com Casciago (Varese) deixam ainda espaço para o debate e para o aprofundamento. Entre as contribuições mais recentes sobre o assunto, vejam-se, para a tese de Cassago, BERETTA, Luigi. *S. Agostino e Cassicíaco*. Cassago Brianza, Associazione storico-culturale S. Agostino, 1982; *Le stagioni di Sant'Agostino in Brianza*. Org. por CAJANI, Franco. Besana Brianza, Edizioni G. Riva, 1986 [ma: 1987]; para a tese de Casciago, ISELLA, Dante. *Alessandro Manzoni e il "rus Cassicíacum" di S. Agostino*. Casciago, Comune di Casciago, 1986; GARANCINI, Gianfranco. *I perchè di Casciago*. "Diocesi di Milano-Terra ambrosiana" 28 (1987), I., pp. 50-53; BERETTA, Luigi. *Rus Cassiciacum: bilancio e aggiornamento della vexata questio*; COLOMBO, Silvano. Ancora sul Rus Cassiciacum di Agostino. In: *Agostino e la conversasione cristiana*, cit., pp. 68-83 e pp. 85-92.

os sobrinhos Lartidiano (ou Lastidiano) e Rústico, e dois concidadãos e discípulos, Trigésio e Licêncio.

Nos primeiros dias de novembro (pelo dia 10) iniciam--se aquelas disputas filosóficas que tomam o nome de *Dialoghi*[24] e que marcam o início da fecunda atividade literária de Agostinho. Nesses escritos são desenvolvidos numerosos temas do pensamento filosófico e da tradição clássica, que Agostinho recupera, coloca em confronto e retransmite segundo a visão da mensagem e da experiência cristã que foi assimilando. Ele não rejeita, certamente, o patrimônio da "sabedoria" clássica, mas, ao mesmo tempo, indica aquilo que nela não encontra, integrando a filosofia grega e, em especial, o humanismo platônico e neoplatônico com os novos conteúdos da fé cristã. A procura do verdadeiro, a posse da felicidade, o afastamento dos bens e das aparências do mundo, a conquista da sabedoria – temas em torno dos quais giram os *Dialoghi* de Cassicíaco – não ficam, porém, somente no plano da tensão ideal ou da pura e simples problematização filosófica. Todo itinerário da reflexão agostiniana leva sempre a ver o termo último: aquela sabedoria e verdade de Deus que a "autoridade de Cristo"[25] lhe ensinou a reconhecer e que já assume a medida estável das coisas, síntese unificadora da vida, plenitude que satisfaz o espírito.

---

[24] Cf. o primeiro volume dos *Dialoghi* na edição organizada por Domenico Gentili para a "Nuova Biblioteca Agostiniana" (Roma, Città Nuova, 1982). Os "Dialoghi" de Cassicíaco são quatro: *La controversia academica; La felicità; L'ordine; I soliloqui.* Depois do seu retorno de Cassicíaco para Milão, mas antes do Batismo, Agostinho escreve também *L'immortalità dell'anima.* Sobre esses escritos vejam-se as atas da primeira parte do Congresso (1-4 de outubro de 1986), "Agostinho nas terras de Ambrósio", reunidos em *L'opera letteraria di Agostino tra Cassiciacum e Milano.* Palermo, Augustinus, 1988.

[25] *Acad.*, III, 20.43.

Deste ponto de vista, os *Soliloqui* representam, entre os diálogos de Cassicíaco, a obra que melhor traduz e compendia – também com grande penetração psicológica e estro lírico – as razões do filosofar que se unem com a experiência viva da fé: a mente e o espírito que se elevam juntos para procurar Deus e em harmonia caminham para a sua luz.

Essas reflexões dos *Dialoghi* se inserem bem no clima de distensão e recolhimento de Cassicíaco, que Agostinho aproveita para se colocar na escuta da Palavra de Deus através da oração e da meditação da Escritura. Em Cassicíaco, de fato, ele faz uma importante experiência de vida contemplativa e realiza um sério esforço de aprofundamento da fé, sobretudo através dos Salmos – que se tornarão fonte inspiradora de toda a sua obra – e as cartas de Paulo, não menos essenciais – como já se acenou – no desenvolvimento do pensamento agostiniano.

O oásis espiritual de Cassicíaco oferece, portanto, para Agostinho espaços de repouso, busca pessoal, experiência comunitária fecundos como nunca. O mesmo reconhecimento que ele expressa a Verecundo por tê-lo hospedado na sua casa de campo,[26] testemunha claramente quanto o período de Cassicíaco o ajudou a reencontrar a si mesmo, a amadurecer na fé, a penetrar os desígnios de Deus para a sua vida futura.

O catecumenato

Nos primeiros dias de março de 387, Agostinho regressa a Milão para se preparar para o Batismo. A fase preparatória de incorporação à Igreja pelo Batismo era constituída pelo

---

[26] *Conf.* IX, 3.5.

catecumenato, uma instituição litúrgico-pastoral surgida dentro das comunidades cristãs já no final do século II, com o escopo de acompanhar – através da instrução catequética, da prática religiosa e do exercício das virtudes cristãs – o caminho das pessoas adultas que haviam manifestado a intenção de se converter ao Cristianismo.[27] O costume, em Milão, era distinguir os catecúmenos em dois grupos: os catecúmenos simples, que tinham recebido a primeira iniciação cristã, e os "competentes", constituído daqueles que já se inscreveram para o Batismo. Do dia da Epifania – no qual se anunciava a data da Páscoa – até ao início da Quaresma, o bispo recordava o significado do sacramento e dirigia aos catecúmenos o convite a se inscrever para o Batismo, que seria administrado na solenidade pascal. A passagem de catecúmenos simples para competentes acontecia justamente no momento em que se dava o próprio nome para o Batismo.

Não conhecemos qual era o tempo útil para este cumprimento, e o próprio Agostinho refere somente que, chegado o momento de se inscrever para o Batismo, deixou com Adeodato e Alípio os campos de Cassicíaco para retornar a Milão.[28] Provavelmente o encerramento das inscrições coincidisse com o início da Quaresma – que naquele ano de 387 caía no dia 10 de março – e se pode, portanto, considerar que

---

[27] Para as origens e os desenvolvimentos do catecumenato e das práticas batismais nos primeiros séculos, cf. a coletânea de textos de BENOÎT, André; MUNIER, Charles. *Le Baptême dans l'Église ancienne (I^e-IIIe siècles)*. BERNE, Lang, 1994; e os ensaios de SAXER, Victor. *Les rites de l'initiation chrétienne du IIe au VIe siècle*. Spoleto, Centro Studi alto Medioevo, 1993²; e de CAVALLOTTO, Giuseppe. *Catecumenato antico. Diventare cristiani secondo i Padri*. Bologna, EDB, 1996. Em especial, vejam-se HARMLESS, William. *Augustine and the cathecumenate*. Collegeville, The Liturgical Press, 1995; e GROSSI, Vittorino. *La catechesi battesimale agli inizi del V secolo. Le fonti agostiniane*. Roma, Institutum Patristicum "Augustinianum", 1993.

[28] *Conf.* IX, 6.14.

a partida de Agostinho para Milão tenha acontecido nos dias imediatamente anteriores.

A preparação daqueles que tinham sido admitidos ao Batismo cobria todo o período quaresmal. A importância dessa tarefa pastoral é sublinhada pelo fato de o mesmo bispo cuidar diretamente dela, pelo menos para as pessoas adultas, e por isso Ambrósio não se ausentou nunca de Milão em tempo de Quaresma, a não ser em uma ocasião.[29] Por outro lado, em relação a estes adultos chamados a completar a própria instrução religiosa e a viver segundo os preceitos da moral cristã, eram precisos dotes de autoridade, intuito e fineza psicológica que valessem para introduzi-los plenamente não só na especificidade de um rito, mas na comunhão mesma da vida da Igreja.

Os aspirantes ao Batismo deviam, em primeiro lugar, participar regularmente nas funções litúrgicas, que previam para os batizandos orações especiais e ritos de propiciação. A oração pessoal e comunitária devia, depois, ser acompanhada por um comportamento de sobriedade e continência, que manifestasse realmente o desejo de mudar de vida e, consequentemente, o esforço de dominar as paixões e de se exercitar no espírito de penitência.

O exercício das virtudes cristãs ajudava, assim, no aprofundamento dos preceitos morais e das verdades de fé. Através da leitura e do comentário das passagens da Escritura, Ambrósio tirava uma lição que sabia aplicar aos aspectos e às situações mais variadas da vida. As suas homilias se tornavam, assim, uma catequese moral apropriada e eficaz, modelada sobre as grandes figuras do Antigo Testamento e

---

[29] Quando prudentemente abandonou a cidade com a aproximação do imperador Eugênio (393).

sobre as virtudes das quais tinham sido exemplo (docilidade, fortaleza, justiça...). Ao lado e não raramente junto com os ensinamentos morais, Ambrósio propunha um itinerário de descoberta e amadurecimento da fé, procedendo na exposição dos dogmas e na ilustração dos sacramentos com sábia graduação. A grande maioria dos catecúmenos, de fato, tinha um conhecimento mais sumário e imperfeito do Cristianismo e a catequese, portanto, devia antes mover pelos princípios fundamentais (existência de Deus criador do mundo, rejeição da idolatria, ensinamento de Cristo redentor do gênero humano) para depois proceder na explicação de outras verdades essenciais da doutrina cristã.

A catequese pré-batismal, enfim, se concluía no domingo antes da Páscoa com a *traditio symboli*, uma catequese simples e familiar dos artigos de fé compendiados no *Símbolo dos apóstolos*.[30] Havia, antes de tudo, uma premissa sobre o nome e a origem do símbolo; depois era feito o sinal da cruz; eram recitadas então as fórmulas do símbolo (sinal da cruz e recitação repetidos outras duas vezes no decorrer da reunião); seguiam-se, por parte do bispo – sucessor dos apóstolos e chamado a transmitir a tradição apostólica – uma explicação geral e um breve comentário a cada um dos doze artigos que compunham o símbolo. Por último, alguns acenos como recapitulação a cada quatro artigos e o convite aos competentes para aprender de memória o símbolo, sendo feita a proibição de escrevê-lo e de revelá-lo aos não iniciados.

---

[30] A forma mais antiga e primitiva daquele que será chamado "Símbolo dos apóstolos" remonta à *Tradição Apostólica*: um breve escrito, composto por volta do ano 215 e atribuído a Hipólito (170?-235?). Trata-se de um compêndio – importante e, por certos aspectos, único – de princípios, regulamentos e instruções em matéria de ordenamento eclesiástico, práxis litúrgica e vida comunitária, que representam a estrutura e a forma com a qual a Igreja antiga traduziu normativamente a "entrega" (*traditio*) dos apóstolos, para o bem e a edificação de todos os crentes.

O Batismo

Essa é a catequese atentamente seguida também por Agostinho, Adeodato e Alípio antes de receber o Batismo, que – como era costume em Milão – era administrado no fim das solenes vigílias pascais. O rito do Batismo iniciava-se – para evocação do gesto realizado por Jesus na cura do surdo-mudo – com o bispo que tocava no batizando as orelhas e as narinas (não, porém, a boca), pronunciando as palavras "Effatà", isto é: "Abre-te" (Mc 7,34): para significar que o encontro com Jesus no Batismo operava no homem o prodígio de torná-lo capaz de ouvir os mistérios e de sentir o perfume de Cristo. No batistério, depois, se procedia à unção do batizando para dispor o novo atleta em Cristo para as duras lutas que comportaria o viver segundo a fé recebida. Seguiam-se as duas renúncias (a Satanás e às suas obras, ao mundo e às suas seduções), com o batizando voltado antes para o Ocidente, sede do demônio, depois para o Oriente, sede de Cristo. Finalmente, a bênção da fonte batismal entendida como gesto de libertação do espírito do mal e oração de invocação da graça fortificante de Cristo. O competente, descido na fonte batismal, fazia a profissão de fé, respondendo "creio" às três perguntas do bispo ("Crês em Deus Pai onipotente? Crês no nosso Senhor Jesus Cristo e na sua cruz? Crês no Espírito Santo?") e sendo imerso no tanque por três vezes. Saído da fonte, o neófito recebia a unção crismal como sinal do renascimento da água e do Espírito santo, da libertação do pecado, da participação no corpo de Cristo para a vida eterna. O costume milanês previa neste ponto também o lavabo dos pés, para impetrar a graça de ser preservados de toda paixão e concupiscência.

Logo depois do Batismo, aos neófitos era entregue uma veste branca, símbolo da remissão dos pecados, da reconquistada inocência que devia ser levada sempre sem mancha na vida de cada dia. Com o Batismo se administrava também a Crisma; os neófitos reentravam então processionalmente na igreja, dirigindo-se para o altar, onde pela primeira vez podiam participar da celebração da missa e aproximar-se da mesa eucarística.[31]

Na noite do Sábado Santo (24 de abril) de 387, também Agostinho, Adeodato e Alípio são, portanto, chamados a viver esses momentos de graça. Recebem o Batismo das mãos de Ambrósio no batistério de San Giovanni alle Fonti, situado junto à basílica catedral de Santa Tecla, na área que está na frente do atual Duomo.[32] As *Confissões* dedicam poucos acenos à evocação daquela noite santa:

> Fomos batizados e de nós desapareceu toda preocupação quanto à vida passada. Naqueles dias, não me saciava nunca da infinita doçura com a qual o pensamento olhava para a profundeza do teu desígnio sobre a salvação do gênero humano. Quantas lágrimas derramei de profunda comoção suscitada em mim pelos hinos e pelos cânticos que ressoavam na tua igreja! Aquelas vozes penetravam nos meus ouvidos, enquanto destilavam a verdade em

---

[31] Para todo o processo da iniciação cristã e da administração do Batismo em Milão, cf. Monachino, op. cit. Para uma síntese, cf. o título "Settimana Santa" de Navoni, Marco. In: *Dizionario di liturgia ambrosiana*, organizado por Marco Navoni. Milano, Ned, 1996.

[32] A basílica de Santa Tecla, erigida na primeira metade do século IV, era uma grande construção com cinco naves (com 45,30 m de largura e 67,60 m de comprimento). Diante da zona da abside, Ambrósio fez construir – por volta de 378 – o batistério de San Giovanni alle fonti, primeiro batistério octogonal da cristandade, da qual derivarão, até durante toda a Idade Média, outros numerosos edifícios análogos na forma e na destinação. Para a descrição dos lugares, cf. Roberti, Mario Mirabella; Paredi, Angelo. *Il battistero ambrosiano di San Giovanni alle Fonti*. Milano, Fabbrica del Duomo, 1974; o apêndice *Il battistero di S. Giovanni alle Fonti*. In: *La mia conversione. Milano nell'itinerario spirituale delle "Confessioni"*, org. Por Angelo Majo e Giuliano Vigini. Milano, Ned, 1986, pp. 95-98; Da Passano, Carlo Ferrari. *Il battistero di S. Giovanni alle Fonti*. In: *Sant'Agostino nel duomo di Milano*. Milano, Ned, 1987, p. 25-28.

meu coração; eu estava inflamado por sentimentos de piedade, enquanto as lágrimas corriam abundantes e como nunca salutares.[33]

Estas breves palavras, que poderiam parecer muito concisas para um acontecimento tão grande, expressam, no entanto, todo o assombro, a comoção, a suavidade inebriante de um tempo infinito que a memória não poderia sequer transcrever, entregue como está, na sua inteireza, às inexprimíveis profundidades do coração. Ao homem que vários anos depois recorda aquelas horas libertadoras, não são mais, de resto, cada um dos momentos que importam: o que conta para ele é somente relembrar o único grande momento conclusivo no qual a misericórdia de Deus o trouxe definitivamente para a salvação. As palavras faltam porque sobra o silêncio da contemplação do mistério de amor que se manifestou e do reconhecimento a Deus pela graça que lhe foi dada como dom. A narração se simplifica e se interioriza, projetando luz não mais sobre os acontecimentos em si, mas sobre os efeitos da obra de Deus que agiu neles. As poucas palavras de Agostinho restituem assim, de dentro, o alcance incomensurável do gesto que foi realizado através do ato de reconciliação e regeneração daquele Batismo. A vida para ele mudou completamente de sentido: está começando uma nova aventura a serviço de Cristo.

---

[33] *Conf.* IX, 6.14.

VI

VIDA CONTEMPLATIVA
E SERVIÇO À IGREJA

Alguns meses depois do Batismo, Agostinho, Mônica e os amigos preparam-se para voltar para a pátria. Não há motivos para permanecer em Milão; há, ao contrário, muito forte em todos, o desejo de levar o mais depressa possível para a África o testemunho da nova vida de fé e, ao mesmo tempo, o propósito de realizar aquele programa de vida comum, já felizmente experimentado em Cassicíaco. A viagem para Roma e o porto de Óstia, de onde a comitiva embarcaria para a África, não é das mais cômodas, talvez mais longa que o previsto, certamente muito incômoda, quer pelo uso de carros comuns (não tendo Agostinho mais o direito de usufruir os meios de transporte público, como na sua vinda), quer pelo calor sufocante do verão já avançado. Em Óstia, espera-os de alguma forma uma casa tranquila, distante dos movimentos e dos rumores do porto, na qual podem se recuperar depois do "cansaço da longa viagem".[1] A parada em Roma – prevista de poucos dias, o tempo suficiente para recuperar as forças antes de enfrentar os novos dissabores da navegação – se torna, ao contrário, uma permanência prolongada, por causa de alguns acontecimentos dramáticos: primeiro, a doença e a morte

---

[1] *Conf.* IX, 10.23. O fato de Agostinho anotar este particular da viagem, num contexto em que omite, ao contrário, notícias não menos importantes, sublinha posteriormente o quanto aquela viagem devia ter sido debilitante.

de Mônica, depois, uma guerra que, impedindo Agostinho de partir, o obriga a se ocupar em Roma por quase um ano.

A morte de Mônica

A narração da adolescência de Mônica, das suas virtudes e dos últimos dias passados em Óstia ocupa toda a segunda parte do livro IX das *Confissões*. Fechando aquele livro que devia inicialmente ser também o último das *Confissões*, Agostinho dedica à sua mãe um muito suave canto de adeus. No momento em que escreve já são decorridos dez anos da morte de Mônica; no entanto, ele revive as horas da morte com a mesma participação espiritual e emotiva e, apesar do controle da dor e a sobriedade da escrita, transfere com força para a palavra as vibrações do coração, que evoca como se fosse "ao vivo" a passagem de Mônica da vida terrena para a glória eterna dos santos.

Ocupa um lugar central na economia da narração o episódio comumente conhecido como "êxtase" ou "contemplação" de Óstia, um dos trechos mais célebres de toda a literatura cristã.[2] Agostinho nela se refere ao colóquio tido com sua mãe, debruçados no parapeito da janela do jardim de casa, poucos dias antes de morrer. Sozinhos, com grande doçura, conversam sobre as coisas de Deus, esquecidos da vida passada e voltados para a vida futura.[3] Absorvidos pelo pensamento da felicidade incomparável que mora junto de Deus, fonte da vida,[4] se separam progressivamente da terra e se elevam, com coração cada vez mais ardente, para as reali-

---

[2] *Conf.* IX, 10.23-26.
[3] *Conf.* IX, 10.23.
[4] Ibid.

dades do céu; atingem a "abundância inexaurível"[5] da sabedoria divina e – com a alma lá em cima antegozando aquela antecipação da eternidade feliz – caem depois em si mesmos, na realidade caduca do tempo e das palavras humanas.[6] Mas esse reentrar no próprio corpo depois de uma visão estática tão suave e gratificante – com uma relação, além de tudo, de comunhão contemplativa entre mãe e filho que torna aqueles momentos ainda mais sublimes – não é a amarga desilusão de um belo sonho que se esvai. É somente o convite a viver a própria condição terrena na espera alegre de poder habitar um dia naquela pátria de luz, beleza e harmonia que a experiência contemplativa e mística lhes abriu diante dos olhos.

Mônica não deverá esperar muito aquele dia. Pouco tempo depois do colóquio, é, de fato, atingida por febre maligna e o seu físico, já provado por fadigas e dores, não suporta. No nono dia da doença, na idade de 56 anos, a sua alma "é libertada do corpo".[7] Morre, no final do verão de 387, totalmente entregue à vontade de Deus. Morre, ou talvez fosse melhor dizer, abraça a morte. As suas esperanças e a sua missão na terra se cumpriram com o retorno do filho à fé;[8] por isso, a morte que a espera não lhe mete medo e, ardente como está pelo desejo de encontrar o Senhor, não se preocupa sequer com morrer em terra estrangeira:[9] justamente ela que se preocupara tanto com a própria sepultura e já havia

---

[5] *Conf.* IX, 10.24.
[6] Ibid.
[7] *Conf.* IX, 11.28.
[8] *Conf.* IX, 10.26.
[9] *Conf.* IX, 11.27.

preparado um lugar ao lado do marido.[10] Não pede nada para si, senão ser sempre lembrada diante do altar.[11]

Depois de haver ensinado como se vive cristãmente, Mônica dá agora a todos aqueles que a assistem o último exemplar testemunho de como se morre cristãmente. A imensa tristeza que assalta Agostinho[12] e a ferida profunda que esta separação determina na sua vida, tão intimamente ligada à sua,[13] o acompanham ao sepulcro glorioso.[14] Mas o vazio que o seu desaparecimento provoca é preenchido bem depressa com a lembrança do seu exemplo luminoso e do empenho para imitá-lo com a prova de uma vida de fé e caridade.

A parada em Roma

Depois das exéquias de Mônica, Agostinho e os seus tomam o caminho de Roma. Não podem embarcar por causa do fechamento dos serviços de navegação com a África, onde o *comes rei militaris* da província, Gildão, havia se aliado ao usurpador do trono imperial, Magno Máximo. As ligações com a terra rebelde estavam, por isso, interrompidas e o estarão até a morte de Máximo, justiçado em Aquileia depois de uma batalha épica com as tropas de Teodósio no dia 23 de agosto de 388.

---

[10] Ibid.

[11] Ibid.

[12] *Conf.* IX, 12.29.

[13] *Conf.* IX, 12.30.

[14] Mônica é sepultada em Óstia. As suas relíquias, no dia 9 de abril de 1430, serão transferidas de Óstia para Roma, para a igreja de Santo Agostinho, onde são até agora veneradas.

Quais foram as atividades e as pessoas encontradas por Agostinho em Roma durante a sua estadia forçada é difícil dizer com precisão. Além da visita a alguns mosteiros masculinos e femininos que o tocam pela sabedoria e o espírito de caridade que os anima,[15] e, pode-se supor, os frequentes retornos a Óstia para rezar no túmulo da mãe, Agostinho leva provavelmente uma vida muito reservada, dividida entre o estudo, a meditação, as conversas com o filho Adeodato e os amigos. Desse período são, embora ainda não completas, as primeiras duas[16] obras de polêmica antimaniqueia (*Os costumes da Igreja católica* e *Os costumes dos maniqueus*); o diálogo sobre a grandeza da alma e o tratado – também ele em forma de diálogo – sobre *O livre-arbítrio*, que será terminado por volta de 395.

Junto com os primeiros escritos que expressam a sua urgente necessidade de atacar frontalmente, não raramente com tons de particular virulência, a inconsistência doutrinal e a hipocrisia de comportamento dos seus ex-companheiros de caminho, Agostinho orquestra outros motivos de debate para apoio indireto de sua ação antimaniqueia, tanto na *Grandeza da alma* como, sobretudo, no *Livre-arbítrio*, onde enfrenta com profundidade o problema da origem do mal e da liberdade do homem, da existência e da natureza de Deus, e do modo como Deus, bom e justo, ordena as coisas do mundo.[17]

---

[15] *Mor*. I, 33.70.

[16] Possídio enumera bem vinte e oito livros especificamente classificados *Contra Manichaeos*, mas são muitos os escritos e as referências na obra de Agostinho que compõem o volumoso dossiê antimaniqueu; cf., a respeito, DECRET, op. cit.

[17] Para esta obra veja-se, sobretudo, a contribuição de DE CAPITANI, Franco. *Il "De libero arbitrio" di S. Agostino. Studio introduttivo, texto, traduzione e comento*. Milano, Vita e pensiero, 1987.

A estadia em Roma é um período de observação, reflexão e elaboração importante para Agostinho. Naquele ano, ele teve como orientar e sistematizar não somente uma estratégia de empenho doutrinal – com uma atenção especial, como se viu, para o alvo maniqueu que se empenha em atingir –, mas também um programa existencial que acolha em si os novos sinais e germes recolhidos nos testemunhos da Roma cristã. O tempo sofrido da espera se transforma, assim, num tempo fecundo de preparação da vida futura.

A primeira comunidade de Tagaste

No outono de 388, Agostinho deixa para sempre a Itália e zarpa na direção de Cartago. Ali para poucos dias e depois parte novamente para Tagaste. Ele pode finalmente realizar, na sua cidade natal, o projeto de uma pequena comunidade dedicada ao serviço de Deus "no jejum, na oração, nas boas obras, nas meditações, de noite e de dia, da lei do Senhor".[18] Os princípios sobre os quais a comunidade se fundamenta resumem já os critérios inspiradores da futura vida monástica; o desapego de toda propriedade pessoal, o exercício da mortificação, a prática da ascese, o empenho no apostolado. Uma regra verdadeira e própria – da qual falaremos detalhadamente mais adiante – não está ainda fixada, nem há obrigações rígidas para serem observadas. Em Tagaste, na realidade, não nasce ainda um mosteiro; nasce, porém, o espírito e o estilo de vida do mosteiro. É lá que a pequena comunidade começa a provar o que significa concretamente, além de uma simples adesão intelectual, dividir a própria existência com os outros, aceitando os seus limites e as suas fraquezas. É lá

---

[18] Possídio. *Vita di Agostino*, 3.2.

94

que o pequeno grupo aprende o que quer dizer colocar em comum os próprios bens e os próprios dons, crescer juntos no respeito e na caridade recíproca, deixar-se plasmar pela liberdade e pela graça do Senhor.

A oração, a meditação, o estudo dos livros sagrados, as discussões filosóficas e religiosas, as cartas enviadas aos amigos (as de Agostinho destinadas em grande parte a Nebrídio que, no retorno para a África, havia ficado na sua casa de campo perto de Cartago) ocupam intensamente os dias do grupo. Agostinho, além disso, se dedica com empenho à atividade literária, tanto para terminar obras já iniciadas como para começar outras que lhe interessam particularmente. Nasce, assim, no final de 388, *O Gênesis contra os maniqueus*: um tratado em defesa das Escrituras, da Igreja Católica e de alguns de seus dogmas fundamentais, sempre com o declarado escopo de combater (aqui no plano da exegese da narração bíblica da criação) a doutrina e a propaganda maniqueia em terra africana. Em 389, uma obra originariamente destinada a fazer parte de uma vasta enciclopédia do saber clássico: *A música*, um tratado de teoria estética, prosódia e rítmica na qual o estudo da música é orientado para o conhecimento da verdade e da sabedoria de Deus, expressas através das maravilhosas leis da harmonia sobre as quais todo o tratado se assenta. Ainda de 389 é *O mestre*, um diálogo com o filho Adeodato centrado na análise dos sinais dos quais a linguagem é constituída, dos seus significados, e do papel da palavra no ensino e nos processos educativos. Em 390-391, Agostinho compõe *A verdadeira religião*, um breve compêndio de filosofia e apologética cristã, rico de ensinamentos e intuições que serão mais amplamente desenvolvidos depois.

Essa experiência de vida contemplativa e de operosa reflexão em Tagaste dura aproximadamente três anos.[19] Com a difusão da notoriedade de Agostinho, os concidadãos se voltam cada vez mais insistentemente a ele no intuito de ter resposta para os seus quesitos, que confluirão depois nas *83 diversas questões* (concluídas em 396). Se este é o sinal do forte apelo espiritual e cultural de Agostinho e do seu grupo, do outro lado é também o indício de que a comunidade monástica não consegue mais conservar um espaço suficiente para si. Vendo então que o clima inicial de tranquilidade e de recolhimento para meditar e viver a Palavra de Deus começa a se rarefazer, Agostinho, que não quer ser posteriormente afastado do silêncio e do ritmo interior da própria vida, toma a decisão de deixar a cidade para transplantar em outro lugar a própria comunidade.

O mosteiro de Hipona

A escolha cai sobre Hipona – a atual Annaba-Bône –, a mais antiga colônia honorária africana (*Hippo Regius*), cidade renomada e rica pelo seu porto e pela fertilidade da planície circunstante. Ou, melhor dizendo, é o mesmo curso impetuoso dos acontecimentos que torna obrigatória a escolha de Hipona. A visita a um amigo que deseja encontrá-lo para lhe manifestar o seu propósito de se dedicar a Deus abraçando a vida monástica[20] determina improvisamente uma guinada na vida de Agostinho. Ele chega, de fato, durante uma assembleia dominical na catedral de Hipona, enquanto o ancião bispo Valério está lembrando insistentemente a urgência de um

---

[19] Ibid.

[20] *Serm.* 355, 1.2; Possídio. *Vita di Agostino*, 3.3.

sacerdote que esteja ao seu lado num momento particularmente grave para ele e para a comunidade católica hiponense.[21] O povo reconhece Agostinho entre os fiéis e, estimando-o pela sua virtude e pela sua doutrina, decide durante a mesma assembleia que deverá ser ele a assumir aquele cargo. Analogamente ao que acontecera alguns anos antes a Ambrósio – aclamado bispo de Milão por vontade unânime do povo[22] –, agora cabe a Agostinho sofrer a mesma "violência" e se submeter a quantos o querem logo padre. Num instante ele é rodeado e arrastado para diante do bispo para a ordenação: "Todos, com unânime consenso e desejo, pediam que isto se fizesse e se cumprisse, e com grande ardor e gritos insistiam, enquanto ele chorava copiosamente".[23]

Assim, outro paradoxo – um dos muitos dessa vida que parece ir sempre ao contrário de como quereria ir – acontece naquele dia na "Basílica da Paz" de Hipona. Agostinho é ordenado padre (391). O desabafo sincero daquele pranto evocado por Possídio bem expressa o desconforto de Agostinho, que naquele momento tem a sensação de ser totalmente arrancado de si mesmo. Do isolamento interior e exterior, do sossego da meditação, da silenciosa contemplação à qual ele aspira é, na realidade, catapultado nos afãs e nas responsabilidades de um ministério que não está dentro dos seus desígnios, que nem sequer conhece e para o qual, em todo caso, teme estar despreparado. Todavia, dobra-se ao imperscrutável querer da Providência e, tendo já experimentado no passado como Deus dispõe sempre as coisas para o bem dos seus filhos, mesmo nas horas mais amargas, aceita o empenho da vida sacerdotal.

---

[21] Possídio. *Vita di Agostino*, 4,1.

[22] Paolino. *Vita di Ambrogio*, 6.1.

[23] Possídio. *Vita di Agostino*, 4.2.

Mesmo aderindo ao sacerdócio, Agostinho não pretende, porém, renunciar totalmente ao ideal monástico e faz presente ao bispo a sua exigência. Sabiamente Valério acolhe o pedido de Agostinho, oferecendo-lhe a oportunidade de instituir no terreno ao lado da igreja[24] um mosteiro para leigos, onde os velhos[25] e os novos companheiros se privam de todo seu bem para viver uma experiência de verdadeira fraternidade.

De 391 a 395, Agostinho vive – como monge e sacerdote – no mosteiro "do horto" de Hipona. Ele pode assim fundir a sua natural inclinação ascética e mística com a inesperada missão que lhe é confiada no mundo como sacerdote. A contemplação se torna o pressuposto da sua ação e a ação acrescenta à sua vida contemplativa uma nova tensão de caridade. Passa os dias a rezar e a estudar para atender da melhor forma as tarefas – especialmente a da pregação – que Valério lhe confia.[26] O aprofundamento da Escritura, da teologia, dos autores eclesiásticos ocupa boa parte dos seus dias, dedicando-se depois a escritos de síntese e defesa da doutrina católica, como *A utilidade do crer* (391) e *A fé e o símbolo* (393): discurso este último pronunciado por Agostinho (e o particular sublinha a amplitude e a solidez da sua fama) diante dos bispos africanos pela primeira vez reunidos em Hipona num concílio plenário (8 de outubro de 393).

Ao lado da própria formação bíblica e teológica, Agostinho se preocupa nesses anos com enriquecer e qualificar também a preparação religiosa e cultural dos irmãos. Desse itinerário formativo, sob a guia respeitável de Agostinho e

---

[24] *Serm.* 355, 1.2; Possídio. *Vita di Agostino*.

[25] Não sabemos quais exatamente; certamente Adeodato não faz parte do grupo, morto provavelmente pelo ano de 389. Entre os novos monges está também Possídio.

[26] Possídio. *Vita di Agostino*, 5.3.

em contato direto com ele, não é infundado considerar que tenham amadurecido também vocações sacerdotais entre as pessoas mais disponíveis e idôneas. É certo que o valor dessa singular experiência monástica – não fechada dentro dos muros do mosteiro, mas projetada para o externo, para um mais amplo serviço à Igreja – não tarda em se manifestar. A fusão de contemplação (oração, ascese, estudo) e ação apostólica (ministério da palavra, dos sacramentos, da caridade) produz fruto. Bem depressa, de fato, o ideal monástico se espalha nas várias províncias africanas, tomando exemplo e impulso da comunidade monástica criada por Agostinho em Hipona. Mesmo não faltando cá e acolá dificuldades, incompreensões e resistências, além de formas de inobservância por parte dos mesmos irmãos que entram nos mosteiros, o sulco já está traçado de modo seguro e fecundo. O monaquismo se torna uma realidade sólida e operante, nova força e novo fermento na vida da Igreja africana.

A ação pastoral

No período de poucos anos também a ação pastoral de Agostinho adquire uma dimensão e um relevo considerável. A sua pregação, sempre incisiva, embora fácil na exposição, instrui profundamente o povo na doutrina, o introduz no conhecimento e no significado das Escrituras, o preserva dos desvios e dos erros das seitas e dos grupos heréticos, especialmente florescentes nesse final do século IV.[27]

---

[27] Pode-se ter uma ideia a respeito percorrendo o elenco dos "Grupos de tendência heterodoxa no Cristianismo antigo", na obra – que se aconselha também como leitura introdutória ao pensamento, à vida e às estruturas institucionais da Igreja nos primeiros cinco séculos – de GROSSI, Vittorino; DI BERARDINO, Angelo. *La Chiesa antica; ecclesiologia e istituzioni*. Roma, Borla, 1984, p. 269-286.

Seguro de sua cultura e de sua habilidade dialética, ele se coloca autorizadamente em defesa e em apoio da fé, aproveitando toda ocasião para afirmar os princípios da "verdadeira religião" e afastar os fiéis mais simples de perigosas seduções. Antes de tudo, barra e combate a "peste dos maniqueus",[28] que contagia Hipona e as regiões vizinhas: o mesmo Fortunato, célebre e estimado expoente da seita, sofre uma derrota irreparável durante um confronto público.[29] Empenha-se depois numa contraofensiva capilar contra o cisma donatista[30] – pelo qual toda a África setentrional foi

---

[28] Possídio. *Vita di Agostino*, 6.1.

[29] Nos dias 28 e 29 de agosto de 392, acontece nas termas de Sossio um debate teológico entre Agostinho e Fortunato, na presença de uma grande multidão. Dois dias de discussões, no fim dos quais Fortunato é obrigado a ceder e se rende. No dizer de Possídio (*Vita di Agostino*, 6.7), todos aqueles que consideravam Fortunato como homem de grande doutrina, depois daquele debate se convenceram de que não era absolutamente apto a dirigir a seita. O fato é que Fortunato deixa Hipona e não volta mais para lá.

[30] O cisma toma o nome de Donato, eleito bispo de Cartago depois de Majorino (morto em 313). Uma das causas para origem do cisma era a intransigência manifestada pelos donatistas – que proclamavam a única verdadeira Igreja, a "Igreja dos santos" – em relação à traição dos bispos que, sem cair abertamente em apostasia como muitos outros cristãos nos tempos da perseguição de Diocleciano, haviam renegado a fé entregando os livros sagrados à polícia encarregada de perseguir as igrejas e as casas dos católicos. Por este fato, tais bispos eram julgados indignos de estar na Igreja e inválidos os sacramentos por eles administrados. Mesmo depois da morte de Donato no exílio (355) e apesar das proscrições imperiais, o partido cismático permanece forte e se propaga, podendo contar no seu interior também com o apoio dos "circuncélios", grupos de escravos, camponeses, pequenos proprietários arruinados que, lutando por reivindicações de caráter social e assimilando depois ímpetos de ordem religiosa, se tornavam protagonistas de saques, sevícias e violências sanguinárias em relação aos católicos e aos mesmos pagãos. Os bispos donatistas fingiam ignorá-los, mas, na realidade, buscavam ajuda destes grupos, quer para resistir à autoridade romana, quer para criar pânico nos ambientes católicos. Para mais amplas notícias de enquadramento histórico e doutrinal, veja-se Frend, William Hugh Clifford. *The Donatist church. A movement of protest in Roman North Africa*. Oxford, Clarendon Press, 1985[3]; Maier, Jean-Louis. *Le dossier du donatisme*. Berlin, Akademie-Verlag, 1987-1989, 2 vv. É também útil a introdução à antologia de escritos antidonatistas organizada por Dattrino, Lorenzo. *Agostino. Una fede, una Chiesa*. Padova, Edizioni Messaggero Padova, 1985, e, para a concepção eclesial de Agostinho em referência

perturbada desde os inícios do século IV –, começando a tecer aquela articulada trama polêmica que durará praticamente até ao fim dos seus dias. A longa batalha, já sustentada com coragem exemplar por Optato, bispo de Mileve,[31] tem agora um continuador em Agostinho, que intervém na discussão com o *Salmo contra o partido de Donato* (393-394): uma composição breve que – na trilha dos versos escritos pelo bispo donatista Parmeniano[32] – expõe em estrofes rimadas, escandidas por um refrão (repetido e cantado pelo povo), a origem e os desenvolvimentos da ferida profunda produzida pelos donatistas no seio da Igreja.

O golpe dado por Agostinho com o seu ensinamento, oral e escrito, é indubitavelmente forte. Anos de divisão, isolamento, passividade haviam deixado a marca. Finalmente a Igreja Católica africana volta a levantar a cabeça depois de tanto tempo,[33] tendo como base Agostinho para dar unidade e vigor ao próprio testemunho. O de Agostinho é um influxo renovador que nasce das fontes da mensagem cristã, traduzida em uma coerente prática de vida evangélica. Um dos motivos recorrentes na sua pregação é, não por acaso, a fidelidade ao empenho de corresponder com as obras à graça de Cristo. A verdade que Agostinho ensina não é nunca, de fato, um conjunto de preceitos abstratos ou mecânicos, mas uma verdade dinâmica que age interiormente como fermento que alimenta a vida. Ele está sempre alerta contra toda

---

à luta contra o donatismo, os capítulos V-VI de RATZINGER, Joseph. *Popolo e casa di Dio in Sant'Agostino*. Milano, Jaca Book, 1978, pp. 141-194. Em especial, sobre Donato, cf. O título relativo em Mandouze, *Prosopographie...*, cit., pp. 292-303.

[31] Cf. Mandouze. *Prosopographie...*, cit., pp. 795-797. Sobre o conceito de Igreja em Optato, em relação ao problema donatista, veja-se em especial o parágrafo 12 do cap. IV de Ratzinger, op. cit., pp. 109-122, 127-132.

[32] Ibid., pp. 816-821.

[33] Possídio. *Vita di Agostino*.

verdade que fica enunciação estéril ou, desnaturando-se, se transforma em ritual exterior, como certas práticas religiosas (reuniões festivas e banquetes nos túmulos dos mártires por ocasião das festas dos mártires)[34] que traem a essência de uma religiosidade profunda e que, portanto, ele condena sem hesitação até erradicá-las. E é ainda, o de Agostinho, um influxo que penetra, porque sabe falar à mente dos homens cultos como ao coração dos simples. Ele conhece as sutilezas do pensamento e as nuances da língua para conquistar os primeiros e sabe, ao mesmo tempo, usar palavras claras, exemplos fáceis, frases populares, imagens espontâneas para ser compreendido pelos segundos.

Bispo de Hipona

O bispo Valério é o primeiro a ver os frutos do trabalho de Agostinho e, enquanto se alegra por ter escolhido para si um colaborador tão fiel e influente, toma também alguma medida para não vê-lo ser afastado. Havia, de fato, a suspeita fundada de que outras igrejas locais, sem bispo, pudessem escolher Agostinho como o seu pastor.[35] Alguma tentativa, até, devia já ter havido para Valério – temendo um improviso rapto de Agostinho – aconselhá-lo a que se retirasse para um lugar secreto.[36] Enquanto isso, Valério – a quem evidentemente a idade avançada não havia enfraquecido as faculdades mentais nem lhe havia subtraído alguma "santa astúcia" – adianta-se, pedindo ao bispo de Cartago e primaz da África, Aurélio, que

---

[34] Uma festa em que se desencadeava um frenesi popular era a de São Leôncio; numa de tais recorrências (maio de 395), Agostinho não deixa de se empenhar num confronto cerrado com os fiéis de Hipona; cf. *Ep.* 29.

[35] Possídio. *Vita di Agostino*, 8.1.

[36] Ibid.

102

pudesse nomear Agostinho bispo auxiliar. E tão premente é o pedido de Valério que Aurélio acaba por conceder a autorização, embora o Concílio de Niceia (325) houvesse proibido nomear um auxiliar enquanto o bispo ainda estivesse vivo.[37] Assim, na presença de Megálio, bispo de Calama e primaz da Numídia, e de outros bispos reunidos em Hipona para um concílio regional, Agostinho é ordenado bispo (395). Também nessa circunstância, de pouco valem as suas resistências, devidas à consciência da responsabilidade do novo ministério e ao fato de dever transgredir uma norma da Igreja. Mas é obrigado, ainda uma vez, a ceder, sob a forte pressão do clero e do povo. Depois, na morte de Valério (397), Agostinho o sucede na cátedra de Hipona permanecendo nela por trinta e três anos.

Como bispo, Agostinho continua aquilo que começou como simples sacerdote. Não há mudanças aparentes na sua vida, a não ser as responsabilidades e os empenhos (entre os quais particularmente exigentes e extenuantes a administração da justiça e a correspondência com personagens ilustres ou simples fiéis) que aumentam sem medida. Já nesses primeiros anos de ministério episcopal, Agostinho conhece todo o trabalho de guiar e a alegria de servir o seu povo. Não é difícil imaginá-lo todo absorvido em pregar, instruir, administrar os sacramentos, dirimir controvérsias, escutar e socorrer, e vê-lo ao mesmo tempo preocupado com tirar para si algum espaço de silêncio e recolhimento, no mosteiro para clérigos (padres, diáconos e subdiáconos) situado dentro da casa episcopal. Algum véu de saudade aflora, sim, de vez em quando[38] por esta vida contemplativa que sente urgir dentro de si, mas que

---

[37] Ibid. 8.3. A referência é ao cân. VIII do Concílio.

[38] Possídio. *Vita di Agostino*, 8.4.

103

sufoca sob o peso das preocupações cotidianas. Aquele véu, porém, se dissolve logo ao pensamento de que o que vale, definitivamente, é estar no lugar no qual o Senhor coloca e lá gastar toda energia para amá-lo e servi-lo nos irmãos.

VII

A *REGRA* AGOSTINIANA

A experiência pessoal de monge e fundador de comunidades leva bem cedo Agostinho a reunir num breve compêndio os princípios inspiradores do seu ideal monástico. A sua *Regra*[1] – a mais antiga do Ocidente[2] – remonta provavelmente ao ano 397, mesmo não faltando hipóteses anteriores e outras mais tardias.[3] A *Regra* (*Praeceptum*) é precedida na tradição manuscrita pelo *Regulamento para um mosteiro* (*Ordo monasterii*), no qual estão contidas breves disposições para a récita do ofício divino, para o trabalho, para a leitura, para

---

[1] Para o texto e uma análise de conjunto, vejam-se em especial VERHEIJEN, Luc. *La Règle de saint Augustin*. Paris, Études augustiniennes, 1967, 2 vv. E, do mesmo autor, *La regola di S. Agostino*, organizado por Maria Grazia Mara. Palermo, Augustinus, 1986-1993, 2 vv. (trad. de Bernadette Caravaggi, Luisa Mara Rosano e Luigi Rosano); LAWLESS, George. *Augustine of Hippo and his monastic Rule*. Oxford, Clarendon Press, 1987 (sobretudo a terceira parte, Disputed questions, pp. 119-161, e os dois apêndices, pp. 163-171); Soeur Marie-Ancilla. *La Règle de saint Augustin*. Paris, Les Éditions du Cerf, 1996. Além disso, o cap. III (Augustin et les debuts du monachisme africain, pp. 149-245) do v. III da monumental *Histoire littéraire du mouvement monastique dans l'antiquité*, VOGÜÉ, Adalbert de. Paris, Les Éditions du Cerf, 1991 (9 volumes publicados totalmente em 2005). Entre as edições italianas indica-se aquela com ampla introdução e notas de comentário organizadas por TRAPÈ, Agostino, *La Regola*. Roma, Città Nuova, 19963 (trad. de Carlo Carena). É também útil *La Regola*. Texto latino e italiano organizado por Giuliano Vigini. Verucchio, Pazzini, 1997 (da qual fazemos as citações).

[2] Para um útil confronto histórico-crítico com as antigas regras monásticas, cf. VOGÜÉ, op. cit.; para o texto, cf. a bela edição *Regole monastiche d'Occidente*, org. por Enzo Bianchi, trad. e notas de Cecília Falchini. Torino, Einaudi, 2001.

[3] A hipótese de 391 como data de composição da *Regra* é sustentada por VERHEIJEN no vol. II (*Recherches historiques*) da op. cit., pp. 87-116; VAN BAVEL, op. cit., p. 16 opta por 397; outros estudiosos consideram verossímeis os anos 400-401 ou até 426-427.

a vida comum etc. Esse documento precioso, complemento necessário da *Regra*, não é, porém, atribuível a Agostinho, embora provenha de um ambiente e tenha sido escrito por pessoa próxima dele,[4] talvez também aprovado pelo mesmo Agostinho, visto que interpreta e traduz tão fielmente o espírito da *Regra*.

Fonte de inspiração e fundamento normativo para numerosas ordens e congregações religiosas, tanto masculinas como femininas – com uma enorme difusão já a partir do século XI –, a *Regra* de Agostinho é uma exposição muito sucinta de princípios e recomendações, quase um pró-memória de ideias-guia já comprovadas na prática cotidiana da vida monástica. Referindo-se às Escrituras, em especial aos Atos dos Apóstolos e às cartas de Paulo, Agostinho se limita a delinear o horizonte espiritual dentro do qual a comunidade monástica – a exemplo da comunidade de Jerusalém[5] – edifica-se a si mesma no amor de Deus e do próximo.[6] Quase não há espaço na *Regra* para os aspectos propriamente organizativos, para os particulares, para cada momento da vida em comum. Os oito capítulos da *Regra* – sobretudo se confrontados com os setenta e três capítulos do outro grande documento do monaquismo ocidental, a *Regra* de Bento – podem parecer, deste ponto de vista, bem pouca coisa. Na realidade, a *Regra* de Agostinho não se apresenta menos rica de conteúdos pelo fato de estar contida em poucas páginas. Estas, antes, testemunham como, também através de traços simples e rápidos,

---

[4] Sobre toda a questão – com a hipótese de que o autor mais provável seja Alípio – veja-se a reconstrução documentada de Verheijen no v. II da op. cit., pp. 125-174.

[5] At 4,31-35.

[6] As palavras introdutórias do Regulamento – acolhidas depois também no texto da *Regra* – enunciam de fato o objetivo essencial da comunidade: "Em primeiro lugar, irmãos caríssimos, ame-se a Deus e depois o próximo, porque são estes os mandamentos que nos foram dados como primeiros".

Agostinho conseguiu fixar algumas orientações seguras para a busca da perfeição evangélica no âmbito da vida religiosa, numa visão sempre equilibrada e profunda dos problemas humanos e das exigências espirituais.[7]

Escopo e fundamento da vida comum

O primeiro capítulo da *Regra* se abre com a enunciação do princípio fundamental sobre o qual se apoia a vida monástica: o espírito de fraternidade que guia a comunidade religiosa e forma aquela unidade de mente e de coração na qual a busca de Deus se torna tensão e comunhão constante de amor.[8] Porque é o dinamismo do amor que faz de muitas pessoas diferentes uma alma só e as faz habitar na mesma casa em perfeita harmonia, despojando-as de todo egoísmo para orientar o seu ser para Deus e para o serviço de Deus na comunidade. Esse movimento simultâneo para Deus e para os irmãos é uma prerrogativa essencial da vida religiosa. Uma comunidade é tal, de fato, não só porque é idêntica a meta à qual cada um dos componentes aspira, mas sobretudo porque é o trabalho e a alegria do caminho que escolheram para atingi-la, no empenho cotidiano de exercer a caridade para se tornar templos de Deus.[9] A *Regra* – grande manifesto

---

[7] Sobre os princípios constitutivos da *Regra*, além dos textos já citados, vejam-se também Sage, Athanase. *Règle de saint Augustin*. Paris, Études Augustiniennes, 1971; *La vie religieuse selon saint Augustin*, ivi, 1972; Zumkeller, Adolar. *Augustine's ideal of the religious life* [19682]. New York, Fordham University Press, 1986.

[8] *Reg*. 1.2.

[9] Esta expressão paulina (1Cor 3,16; 2Cor 6,16) se insere bem na linha do pensamento de Agostinho, que tem para sublinhar que "templo de Deus" não são somente cada um dos membros, mas toda a comunidade que cresce por meio deles: "Tornaram-se [os apóstolos] templos de Deus; não somente templos de Deus como indivíduos, mas templo de Deus todos juntos". Cf. *En. Ps*. 131.5.

da caridade – não faz outra coisa senão aplicar de todos os modos este princípio basilar.

A comunhão dos bens é a primeira expressão da fraternidade monástica.[10] Nada mais deve pertencer ao indivíduo, mas toda coisa é dividida entre todos. A riqueza da comunidade nasce do intercâmbio dos dons com os quais as pessoas colocam reciprocamente à disposição aquilo que possuem. A renúncia aos bens materiais é um dos passos obrigatórios da educação para o amor, porque testemunha que se aprendeu a viver para os outros, num espírito de pobreza e caridade evangélicas. Esses bem compartilhados, no entanto, não são transmitidos pelo superior da comunidade de modo uniforme, mas segundo as necessidades de cada um, como entre os apóstolos:[11] para significar que o sentido da comunidade não existe nunca em desvantagem das características individuais e das necessidades específicas de cada um dos membros, mas que, antes, a atenção a eles permite desenvolver no modo mais harmônico e fecundo a plenitude da comunhão fraterna.

Nem por isso, porém, deve faltar nas pessoas a consciência do próprio estado e uma atitude de profunda humildade. Aqueles que não têm bens e são de baixa condição social (escravos, camponeses, portuários etc.) evitarão, assim, procurar no mosteiro aquilo que nem mesmo fora podiam ter, ou se sentirem felizes por ter recebido alimento e roupas que antes não podiam permitir-se.[12] Ou, então, se julgar importante, encontrando-se agora ao lado de pessoas das quais, antes, não

---

[10] *Reg.* 1.3-4. Sobre este ponto da renúncia a toda propriedade e à consequente obrigação de não fazer testamento, Agostinho se mostrará sempre inflexível. Algumas suas disposições categóricas a respeito não deixam nenhuma sombra de dúvida (cf. *Serm.* 355 e 356).

[11] At 4,35.

[12] *Reg.* 1.5.

teriam sequer ousado se aproximar.[13] Estes não encontrarão fruto na vida religiosa se não souberem ser discretos e laboriosos e se livrar de todo laço de orgulho e vaidade para libertar o seu coração para o alto.[14] Por outro lado, aqueles que pensavam ter alguma coisa no mundo (os nobres e os ricos) não devem se sentir superiores aos irmãos que entraram na comunidade religiosa vindos de uma condição de pobreza, nem deve ser para eles motivo de vanglória o fato de ter compartilhado uma parte dos seus bens.[15] Para que serviria, de fato, despojar-se das riquezas e se tornar pobres, se depois esse gesto fosse contaminado pela soberba que, infiltrando-se também nas obras boas, as corrói e as põe a perder?[16]

É preciso, portanto, vencer a soberba[17] e conquistar a humildade, virtude primária que gera aquelas relações de amor e de concórdia sem as quais a comunidade não subsiste. O apelo final para "prestar reciprocamente honra a Deus",[18] vivendo em perfeita unidade,[19] reafirma que a primeira e maior forma de louvor a Deus se realiza no coração do homem, tornado casa do Senhor, templo do seu amor.[20] Se Deus habita no coração de cada um, a comunidade se torna imagem viva dessa presença, expressão daquilo que Deus suscita através da caridade daqueles que se unem no seu nome, para ser escola de Cristo na Igreja, por meio da Igreja, para o bem da Igreja.

---

[13] *Reg.* 1.6.

[14] Ibid.

[15] *Reg.* 1.7.

[16] Ibid.

[17] O pecado de soberba é tão deletério que Agostinho chega a escrever: "A aversão de Deus pelos soberbos é tão forte que ele prefere a humildade nas ações más à soberba nas boas" (*En. Ps.* 93.15).

[18] *Reg.* 1.8.

[19] At 4,32; *Reg.* 1.2.

[20] *Reg.* 1.8; *En. Ps.* 131.3-4; *Serm.* 336.1,1.

A oração

A oração é um dos momentos constitutivos da vida comum e o alimento essencial do progresso espiritual dos indivíduos. Poucos são, na verdade, os acenos que Agostinho dedica à oração no segundo capítulo da Regra, mas estes dizem respeito a alguns pontos fundamentais. Há, antes de tudo, a exortação – tomada de Paulo[21] – para atender com solicitude à oração, nas horas e nos momentos estabelecidos.[22] O convite para rezar juntos, acompanhado da recomendação à perseverança e à pontualidade prescrita, vale como convite geral para dedicar a Deus o primeiro lugar, sem nunca se deixar distrair por outras ocupações ou dominar pelos estados de alma do momento, que tendem a retardar a oração ou a impedir o seu desenvolvimento normal. A oração comum deve, de fato, ser considerada o coração pulsante da família monástica que, elevando-se a Deus com uma voz única, expressa a própria unidade de fé e caridade, na adoração, no louvor e no agradecimento.

Ao lado da oração comum é sublinhada – indiretamente – a oportunidade da oração individual, lá onde se estabelece que no mosteiro haja um oratório reservado ao objetivo para o qual é destinado e do qual toma o nome.[23] Podendo acontecer que o oratório – por exiguidade de espaço – fosse utilizado para outras finalidades que não a oração, a disposição de Agostinho entende prevenir esse uso impróprio, de modo a não dificultar a quem tenha tempo e desejo de se recolher em oração também fora das horas estabelecidas.[24]

---

[21] Cl 4,2.
[22] *Reg.* 2.1.
[23] *Reg.* 2.2.
[24] Ibid.

Tudo seria vão, porém, se no rezar em comunidade ou em particular não se meditasse no coração aquilo que se profere com a voz.[25] É o princípio da interioridade, fundamento da oração. Não são os lábios que rezam; é o desejo puro do coração levado pelo amor a dar sentido e valor às palavras com as quais se reza. Se a oração não nasce como necessidade profunda de Deus, as vozes que elevam "salmos e hinos" continuam somente sons vazios, porque aquilo que é dito não corresponde àquilo que se sente interiormente. A oração autêntica expressa, ao contrário, a harmonia do exterior com o interior, da palavra com a vida: o louvor sincero a Deus e o anseio de habitar nele.

O último ponto abordado pela *Regra* no capítulo sobre a oração é a obrigação de não cantar senão aquilo que está escrito e expressamente destinado ao canto.[26] Além das circunstâncias específicas que podem ter solicitado Agostinho a prescrever esta norma, a intenção é evidentemente a de evitar abusos que possam de alguma forma desnaturar ou dilatar excessivamente a função própria do canto sacro, distrair do recolhimento interior, suscitar uma satisfação puramente estética e emotiva da liturgia. Também o canto – mesmo tão louvado e recomendado por Agostinho nas celebrações e até durante o trabalho manual – precisa, portanto, de regras: segurança e propriedade de conteúdo, sobriedade e compostura de forma e de execução, equilíbrio e compenetração de elementos formais e significados espirituais. O que importa, substancialmente, é não faltar nunca o fim para o qual a oração tende, com a palavra ou com o canto: a união com o Senhor.

---

[25] *Reg.* 2.3.
[26] *Reg.* 2.4.

Frugalidade e mortificação

A exortação à frugalidade e à mortificação[27] – com a qual se abre o terceiro capítulo da *Regra* – testemunha uma sabedoria, uma medida e uma atenção não comum para as necessidades das pessoas. É respeitado e lembrado o princípio salutar do jejum e da abstinência, mas – contrariamente a quanto acontecia nos mosteiros da época, onde as práticas de jejum eram particularmente longas e severas – é tornado mais flexível, colocando-o em relação ao estado de saúde de cada um ("na medida em que a saúde o permite"). Aos monges convalescentes, que não estão em condição de se submeter ao jejum, é permitido tomar alimento na ora da refeição; aos doentes, também fora do horário.[28] O domínio do corpo através da frugalidade e do jejum é, com a oração, uma norma constante da vida religiosa, mas esse exercício de ascese não cancela as necessidades objetivas do homem. Nisto, a norma desloca implicitamente o acento da quantidade da mortificação e do rigor fim em si mesmo para o ânimo com o qual alguém se mortifica: no muito ou no pouco que é possível, o importante é o esforço de se desapegar progressivamente das coisas, purificar o coração, crescer no amor. Também a leitura da Palavra de Deus feita durante a refeição[29] para ser ouvida em absoluto silêncio – contra o costume corrente de interromper, replicar, levantar objeções – é vista como exercício necessário para este controle e aperfeiçoamento de si.

O resto do capítulo retoma – sempre com sutil penetração psicológica e vivo senso de humanidade – o tema da

---

[27] *Reg.* 3.1.
[28] Ibid.
[29] *Reg.* 3.2.

diversidade das pessoas e do diferente tratamento reservado a elas na comunidade.[30] Aqueles que estão habituados a um teor de vida mais delicado antes de entrar no mosteiro, no alimento são tratados com maior consideração, sem que isto deva suscitar ciúmes ou invejas nos irmãos que um hábito diferente tornou mais fortes. Que os mais fracos comam mais ou melhor não é um privilégio, mas uma atenção fraterna devida à sua condição, e os mais resistentes não deverão alegrar-se por terem sido mais dotados e poderem fazer mais.

Do mesmo modo, se para alguns – antes habituados a viver confortavelmente – são distribuídos alimentos, roupas, leitos e cobertas que não são dados àqueles de constituição mais robusta, estes não devem subestimar as renúncias que significou, para os seus companheiros de condição mais elevada, a passagem da vida secular para a vida monástica.[31] Ser justo não significa distribuir para todos as mesmas coisas, mas dar a cada um o seu, porque o respeito e a solicitude para com os irmãos leva também em conta os diversos tempos de adaptação ao sacrifício e as capacidades de resistência de cada um, e aquilo que é dado a mais é somente uma ajuda para aqueles que se encontram em condições físicas menos favoráveis. A aparente "desigualdade" é, na realidade, uma medida de caridade. O fato de receber mais não dispensa naturalmente da busca da sobriedade, assim como não se deve atenuar o impulso para a mortificação por parte daqueles que tiveram menos. Não é por acaso que Agostinho observa – provavelmente por sugestão de quanto acontecia também no seu mosteiro – que às vezes os ricos são os mais ativos no

---

[30] *Reg.* 3.3.
[31] *Reg.* 3.4.

sacrifício, enquanto os pobres – de per si mais favorecidos – parecem relutantes.[32]

Uma solicitude especial é dedicada aos convalescentes, ricos ou pobres que sejam.[33] Eles devem receber todo cuidado para que possam se restabelecer o mais depressa possível, mas, uma vez recuperada a saúde, não devem descansar nas comodidades, mas retomar logo um estilo de vida simples e frugal. Evocando neste ponto, em chave ascética cristã, o princípio da filosofia pagã de procurar a felicidade não na satisfação dos desejos e na ampliação das necessidades, mas no domínio dos primeiros e na progressiva diminuição das segundas, Agostinho insiste em que a liberdade e a paz interior têm como condição preliminar, além do desapego dos bens materiais, também a renúncia àqueles nichos de comodidades ou satisfações pessoais nas quais facilmente se infiltra o egoísmo, tornando o coração menos transparente e pronto para a virtude. É também aprendendo que "é melhor ter menos necessidades que ter mais coisas"[34] que o homem se purifica, debela o egoísmo, se expande no amor.

Castidade e correção fraterna

O quarto capítulo da *Regra* exorta, antes de tudo, a se vestir com simplicidade e modéstia, de modo a não agradar aos outros pelas aparências exteriores, mas pela própria conduta na virtude.[35] O preceito de sair sempre acompanhado[36]

---

[32] Ibid.

[33] *Reg.* 3.5.

[34] Ibid.

[35] *Reg.* 4.1.

[36] *Reg.* 4.2.

114

deve ser entendido como forma de proteção recíproca e é evidentemente colocado no contexto social e cultural da época. A *Regra* antecipa depois, com uma norma de caráter geral sobre o modo de se comportar de maneira adequada ao próprio estado de consagração religiosa,[37] o tema dominante de todo o capítulo: a prudência e a discrição em relação às mulheres (ou vice-versa) para não cair na tentação de desejá--las ou de ser desejado.[38]

O acento é colocado com insistência – também nisto intuindo as fraquezas da natureza humana – sobre o perigo dos olhares, que não devem ser fixados em alguma mulher, porque a concupiscência do olhar – como se recorda em Mt 5,28 – já é uma forma de pecado. O olho impudico reflete a malícia do coração; a castidade, mesmo sem união física, é comprometida pelo surgir de uma paixão impura. Esse comportamento reprovável será certamente observado pelos outros,[39] e se até permanecesse oculto aos homens não poderia fugir de Deus, que tudo vê. Exorta-se, por isso, a considerar a gravidade da ofensa e se recomenda o santo temor de Deus, não por medo do castigo, mas pelo dom de perseverar na pureza do amor.

Nesse empenho para guardar a castidade é recomenda-da, junto com a responsabilidade de cada um, a corresponsa-bilidade dos irmãos que vivem na comunidade.[40] Deus dá a cada um os seus dons, mas no-los preserva através da nossa ajuda e da ajuda das pessoas próximas de nós. O esforço de progredir juntos no bem caminha junto com a vontade de

---

[37] *Reg.* 4.3.
[38] *Reg.* 4.4.
[39] *Reg.* 4.5.
[40] *Reg.* 4.6.

resistir às insídias do mal, com respeito, amizade, apoio recíproco. E quando um irmão começa a seduzir uma mulher com os olhares (os olhos são sempre considerados o primeiro indício do ofuscamento do coração), há o dever de adverti-lo logo para cortar o mal pela raiz.[41] Agostinho usa para quem erra, mesmo depois da admoestação, a imagem do "ferido que deve ser curado".[42] A correção fraterna deve ser sempre animada pela caridade, mas também pela firmeza: antes, no denunciar a culpa – segundo as modalidades indicadas, que se inspiram em Mt 18,15-17[43] –, depois, procurando curá-la. A caridade, de fato, não consiste no esconder que existe uma doença para curar, mas no curá-la com toda presteza e com as atenções devidas. A piedade, aqui, não seria senão um falso amor, porque o amor verdadeiro exige que se dificulte decididamente o avanço do mal – também com o extremo remédio de expulsar da comunidade quem não se arrepende e não quer reparar a própria culpa –, de modo a evitar que o mal, do indivíduo, se propague para outros irmãos.

Esta linha de conduta, referida à malícia dos olhos e, em sentido lato, à concupiscência, é prescrita também para qualquer outro pecado. O amor pelas pessoas e o ódio pelos vícios[44] iluminam o empenho constante de "descobrir, impedir, denunciar, provar e punir" os erros que se cometem;[45] o perdão é acompanhado da oração;[46] a punição, finalmente,

---

[41] *Reg.* 4.7.
[42] *Reg.* 4.8.
[43] *Reg.* 4.8-9.
[44] *Reg.* 4.10.
[45] Ibid.
[46] *Reg.* 4.11.

fere severamente quem, considerado culpado, não dá sinais de correção.[47]

O uso dos bens materiais

O sentido do quinto capítulo da *Regra*, mais que nas normas em si mesmas – em vários pontos não mais aplicáveis –, deve ser procurado no espírito que o anima. A disposição que é exigida ao religioso em relação aos bens e aos objetos de uso cotidiano – a começar pelas vestes, antigamente conservadas num guarda-roupa comum e de lá distribuídas segundo a necessidade[48] – deve ser uma prova do "hábito de santidade"[49] do coração, que sabe renunciar a toda posse pessoal e confia à comunidade a sua equânime distribuição. Ninguém, entrando na família monástica, serve mais aos próprios interesses, mas se coloca a serviço dos outros, "com um empenho maior e um mais intenso zelo do que se cada um singularmente fizesse as coisas por si".[50] Quanto mais se exercita a caridade antepondo as coisas comuns às próprias, tanto mais se progride espiritualmente: a medida da perfeição é dada, também aqui, pela grandeza da caridade, que permanece no meio das coisas e das necessidades que passam.[51]

Nesta perspectiva de fundo aparece claro por que Agostinho insiste mais vezes sobre a absoluta necessidade de se colocar em comum qualquer coisa, mesmo se considerada pessoalmente indispensável, e chega até a julgar culpado

---

[47] Ibid.
[48] *Reg*. 5.1.
[49] Ibid.
[50] *Reg*. 5.2.
[51] Ibid.

de furto quem tivesse ousado esconder um objeto qualquer dado por pais e parentes.[52] O ter gera o sentido da posse, a posse multiplica os desejos, os desejos contaminam a alma.

Somente a pobreza do coração abre para a visão dos outros e para a descoberta da própria realidade de necessidade. Toda disposição da *Regra* – seja pelas vestes,[53] seja pelos banhos públicos,[54] as enfermidades ou as doenças,[55] os alimentos ou as roupas, os livros ou os calçados[56] – é lida nesta luz do amor que se doa sem reservas, compreensivo das exigências de cada um, generoso no satisfazê-las em conformidade com as disposições dos superiores, sempre atento para servir no homem o seu verdadeiro bem (não os prazeres, as comodidades, os caprichos...) e, através disso, o bem de toda a comunidade.[57]

O perdão das ofensas

Uma das manifestações do amor é a paciência e a tolerância recíprocas. As dificuldades e os problemas – unidos à fragilidade da natureza humana, às diversidades de caráter, aos diferentes níveis de sensibilidade e cultura – são não raramente motivo de conflito entre os membros da comunidade. O exercício do respeito mútuo, da benevolência e do perdão é essencial para pacificar logo os litígios e pôr fim às brigas, que não fazem outra coisa senão alimentar o ódio, correndo o risco às vezes de transformar um cisco em uma trave.[58]

---

[52] *Reg.* 5.3.
[53] *Reg.* 5.4.
[54] *Reg.* 5.5 e 5.7.
[55] *Reg.* 5.6 e 5.8.
[56] *Reg.* 5.9-11.
[57] *Reg.* 5.5.11.
[58] *Reg.* 6.1.

Se aqui é a imagem de Mt 7,3 – mesmo se utilizada com outro significado – que vem em socorro de Agostinho para expressar o conceito que as pequenas coisas, sob o impulso da ira que obscurece a mente e o coração, se agigantam e se tornam montanhas insuperáveis, as palavras de 1Jo 3,15 ("Todo aquele que odeia seu irmão é homicida") lhe servem para afirmar que o ódio leva à morte: subentendendo com este conceito que não somente a pessoa odiada é privada da vida, mas também a pessoa que odeia tira a própria vida, faltando a ambas a mesma substância, que é o amor, sobre o qual toda existência se fundamenta.

Toda ofensa cometida exige, o mais depressa possível, um ato de reparação sincera.[59] O perdão recíproco, que liberta da culpa, é purificado e avalizado pela oração, da qual a comunidade tira contínua sustentação para progredir cada vez mais na perfeição. O perdão elimina as divisões, restabelece a paz, regenera a ordem do amor. Por isso, é preciso invocá-lo com todo o coração, especialmente no Pai-Nosso, para que Deus perdoe os nossos pecados e nós saibamos, por nossa vez, perdoar aos outros as ofensas sofridas, com disposição sincera. Somente quem perdoa e pede perdão humildemente, dobrando aquele orgulho que é sempre o último a morrer dentro de nós, é digno de pertencer a uma comunidade religiosa.[60]

Quem se recusa, de fato, a pedir perdão ou não o pede com convicção, está no mosteiro sem razão, mesmo se não é mandado embora.[61] Porque o seu coração está noutro lugar,

---

[59] *Reg*. 6.2.
[60] Ibid.
[61] Ibid.

não mais lá, na comunidade que vive de amor, como um único coração.[62]

Uma exceção no pedir perdão é concedida àqueles que na vida de comunidade cumprem alguma função diretiva e exercem, portanto, certo grau de autoridade. Às vezes, as exigências da disciplina podem exigir muita firmeza ao repreender os mais jovens,[63] e pode acontecer que se exceda. Neste caso, no entanto, não se impõe como norma pedir perdão, também quando se é culpado de haver excedido: e o motivo é que, para ser superabundante na humildade, não se deve ferir o prestígio da autoridade.[64] Deixa-se substancialmente aos indivíduos a faculdade de avaliar, caso a caso, a oportunidade de pedir perdão, de modo que a reparação do erro venha a comprometer o bem maior (o exemplo de uma autoridade forte e segura). Aqui não se trata, de fato, de uma ofensa ditada pela maledicência ou por ódio, mas de uma repreensão que, mesmo sendo desproporcional em relação ao comportamento a corrigir, é dirigida ao aperfeiçoamento da pessoa, isto é, nasce de um gesto de caridade: ainda uma vez indicada como critério último de juízo. Se, no entanto, se pode também não justificar diante de um irmão a falta cometida, com o escopo de salvaguardar e reforçar o exercício da autoridade, é preciso pedir perdão ao "Senhor de todos",[65] que julga a retidão das intenções e as preserva de todo desvio no amor. Aquele amor guiado pelo Espírito[66] que

---

[62] *Reg.* 1.2.

[63] *Minores*, diz o texto, e, entendendo o termo referido à idade, vale como "menores de idade", isto é – segundo a legislação romana – de idade inferior aos 25 anos.

[64] *Reg.* 6.3.

[65] Ibid.

[66] Ibid.

a ação da graça infunde nos corações e se torna fundamento sobrenatural da humildade entre os irmãos.

Autoridade e obediência

O sétimo capítulo da *Regra* é inteiramente dedicado ao modo de exercer a obediência e a autoridade. Ao superior leigo (preposto), que leva o peso da comunidade, e ao sacerdote (presbítero) – provavelmente encarregado pelo bispo de acompanhar os mosteiros da diocese e de cuidar dos seus membros (uma espécie de vigário para os religiosos e religiosas, dir-se-ia hoje) – são devidos amor filial e respeito sincero.[67] Isto para sublinhar que o superior é um pai que cuida afetuosamente das necessidades de sua família, mas que, ao mesmo tempo, é o guarda e o garantidor das regras que presidem a vida da comunidade. Não lhes prestar obediência significa ofender a Deus,[68] não só porque superior, mas também porque irmão, no qual Deus deve ser sempre honrado.[69]

O superior tem a tarefa de fazer observar escrupulosamente as normas estabelecidas e de nelas colocar o remédio com a correção no caso de inobservância.[70] A sabedoria do seu governo não estará no dominar com o poder, mas no servir com a caridade,[71] porque se a estima dos irmãos chama um deles mais para o alto, a caridade sobre a qual o superior deverá responder diante de Deus o conserva aos pés deles, primeiro dos servos no dar o exemplo do bem e no exercer

---

[67] *Reg.* 7.1.
[68] Ibid.
[69] *Reg.* 1.8.
[70] *Reg.* 7.2.
[71] *Reg.* 7.3.

com sabedoria a função de guia.[72] Os seus dotes de equilíbrio se manifestarão tanto no amor como na firmeza em garantir a disciplina, cuidando, no entanto – embora um como a outra sejam necessários –, de privilegiar o primeiro, considerado que é sempre melhor ser amado mais que temido.[73] O temor ao qual Agostinho se refere não é o justo respeito voltado ao superior, mas o desapego ditado pelo medo da punição. Um temor não permeado pelo amor estabelece um equilíbrio precário, não constrói relações estáveis e fecundas na vida de comunidade. Quem comanda com humilde espírito de serviço, bem consciente da importância da tarefa que se recebeu diante de Deus,[74] e quem obedece com disponibilidade sincera, convencido da bondade da ordem, mesmo quando expressa com firmeza, caminham na mesma direção. Um e outro aprenderam, de fato, a olhar além de si mesmos, para o verdadeiro bem que é sempre o amor de Deus manifestado nos irmãos, aceitando, por isso, levar o peso não leve de toda vida colocada em comum.

A obediência, finalmente, se expressa também através da piedade para com o superior, que "sendo o que está mais no alto entre vós é também o mais exposto ao perigo".[75] Do amor ao respeito à misericórdia: obediência como sinal do empenho generoso para construir juntos a casa onde Deus habita por meio do Espírito.

---

[72] Ibid.
[73] Ibid.
[74] Ibid.
[75] *Reg.* 7.4.

A observância da *Regra*

Com o oitavo capítulo – as exortações conclusivas –, Agostinho lembra a inspiração central da *Regra* e o espírito com o qual deve ser observada. Novamente é o amor que deve ser colocado no centro, aqui numa visão místico-contemplativa. O desejo ardente da "beleza espiritual"[76] – a luz do amor de Deus que inunda a alma, tornando-a espelho da sua beleza – define o horizonte para o qual se projeta a comunidade religiosa, atrás dos traços e com o exemplo admirável de Agostinho, grande enamorado da beleza. Nessa beleza interior, cultivada na ascese e na contemplação, está também o fundamento de um testemunho individual e coletivo que – segundo a imagem tomada de Paulo (2Cor 2,15) – emana "o bom perfume de Cristo",[77] porque visa difundir no mundo a fragrância das virtudes evangélicas mediante uma vida apostólica empregada na imitação de Jesus. Uma imitação que não nasce da escravidão da lei, da obrigação e do medo, mas da liberdade da graça,[78] que transforma o homem no coração e o faz amar com alegria o bem que a lei ordena, para a santificação de si e dos outros.

O empenho exigido por Agostinho na observância da *Regra* emerge com força do convite para lê-la uma vez por semana e a se espelhar fielmente nela.[79] A imagem da *Regra* como espelho no qual verificar a conformidade da própria vida com as normas prescritas traduz bem a sinceridade dos propósitos que são exigidos de todo membro da comunidade religiosa. O espelho reflete exatamente como se é, torna mani-

---

[76] *Reg.* 8.1.
[77] Ibid.
[78] Ibid.
[79] *Reg.* 8.2.

123

festos os esquecimentos, ressalta aquilo que é bom e negativo no nosso comportamento. O espelho – que não é outra coisa senão a aplicação da Palavra de Deus ao ideal monástico – é, portanto, luz da consciência e guia para o progresso espiritual.

Se, olhando dentro desse espelho, se perceber que correspondeu adequadamente, dever-se-á dar graças a Deus, dispensador de todo bem.[80] Porque também as virtudes e os méritos – fruto da fé, da caridade e da perseverança – são dom de Deus. Se, ao contrário, as ações não forem totalmente dignas, pedir-se-lhe-á perdão pelas culpas cometidas e a ajuda necessária para não as cometer mais no futuro.[81] Deus, pai misericordioso, reconhece a sinceridade do coração que se arrepende e o reinsere na vida da graça. Basta pedir-lhe na oração, momento privilegiado do colóquio com ele.

---

[80] Ibid.
[81] Ibid.

VIII

AS *CONFISSÕES*

Entre os anos 397 e 400, Agostinho escreve a sua grande e mais célebre obra, as *Confissões*. Acolhidas com compreensível desapontamento pelos adversários do seu tempo (pagãos, maniqueus, donatistas, pelagianos...) e lidas, ao contrário, com crescente interesse nos séculos seguintes,[1] as *Confissões* representam um dos princípios fundamentais da espiritualidade e da cultura do mundo ocidental, além de um dos livros fundamentais da literatura de qualquer época.

Obra complexa pelos problemas que coloca no plano da estrutura e da unidade da composição,[2] as *Confissões* se articulam em treze livros. A primeira parte (Livros I-IX) se apresenta sob a forma de narração autobiográfica, na qual Agostinho repercorre algumas etapas da própria vida, da

---

[1] Um ponto de partida fundamental para as várias leituras das *Confissões* e para as suas influências é sempre a segunda parte ("La postérité des Confessions") da obra de COURCELLE, Pierre. *Les Confessions de Saint Augustin dans la tradition littéraire*. *Antécedents et postérité*. Paris, Études augustiniennes, 1963.

[2] Para uma síntese essencial, cf. a introdução à edição *Le Confessioni*, organizada por Giuliano Vigini, Cinisello Balsamo, Edizioni San Paolo, 2001, pp. XIX-XXII (edição da qual citamos). Referências mais amplas podem ser encontradas nas introduções às várias edições (cf. as indicações fornecidas na edição citada das *Confessioni*, pp. 540-542): em especial a *Introduzione generale* de FONTAINE, Jacques (pp. IX-CXXXIV), no volume I da edição publicada pela Fondazione Lorenzo Valla – Mondadori (organizada por Manlio Simonetti, tradução de Gioacchino Chiarini, Milano, 1992-1997, 5 vv.), e no *Einführung* de FELDMANN, Erich (*Das literarische Genus un das Gesamtkonzept der "Confessiones"*, pp. 11-49), no recente comentário do título: *Die Confessiones des Augustinus Von Hippo*. *Einführung und Interpretationen zu den dreizehn Büchern*. Freiburg-Basel-Wien, Herausgegeben von Norbert Fischer und Cornelius Mayer, Herder, 1998.

infância até a morte de Mônica. A segunda parte (Livros X-XIII) – escrita quando a primeira já estava difundida nos ambientes próximos de Agostinho – se abre com uma reflexão sobre a condição espiritual do autor e prossegue com uma análise da faculdade da memória (Livro X); enfrenta depois o problema do tempo (Livro XI), para concluir com a visão do universo (Livro XII) e o significado da criação (Livro XIII).[3]

Uma das características peculiares das *Confissões* é de superar os esquemas e os conteúdos do gênero autobiográfico. Agostinho não reconstrói a própria vida no modo convencional, não se preocupa em narrar todos os seus particulares, nem pretende realizar uma espécie de autoglorificação, como frequentemente acontecia na literatura antiga. Ele quer somente recortar da sua aventura humana aqueles fatos que lhe parecem essenciais para ilustrar a ação poderosa de Deus na sua vida e que poderão resultar como edificação e conforto também para todos aqueles que terão conhecimento dela através da sua obra. Esses fatos, que pareceriam às vezes secundários em si, ou menos importantes em relação a outros que são, ao contrário, calados ou acenados superficialmente, representam na realidade a trama efetiva dentro da qual a experiência interior de Agostinho se manifesta nos seus momentos e significados fundamentais: do trabalho psicológico, intelectual e religioso que precede a conversão aos frutos espirituais da nova vida de fé, à experiência da ascese e da contemplação mística. Mesmo faltando num ponto ou noutro inserções úteis para completar uma moldura autobiográfica, o núcleo que caracteriza a narração não é nunca comprometido.

---

[3] Uma relação dos conteúdos de cada livro está na "Guida alla lettura" da edição italiana supracitada (pp. 433-451), dotado de um amplo "Índice temático" (pp. 455-522), e, sobretudo, em PICCOLOMINI, Remo. *Agostino si racconta. Introduzione a "Le Confessioni" de Sant'Agostino*. Roma, Borla, 2004.

Nada se perde do fio ideal que liga a história: a unidade das *Confissões* não estando fundamentada em episódios exteriores isolados, mas naquela paisagem da alma que constitui a sua realidade e, ao mesmo tempo, o seu horizonte espiritual.

A conversão

Para colorir indelevelmente esta paisagem está – como já se viu – a conversão, centro gravitacional de toda a obra. A conversão, antes de tudo, como itinerário de busca, num cenário de sequências dramáticas e cores vivas, que evidenciam a confusão dos pensamentos e dos sentimentos, as resistências da razão, os conflitos interiores, as concessões da vontade. A conversão, depois, como ponto de chegada da busca, no qual se celebra e se saboreia o milagre do nascimento da graça. A conversão, enfim, como novo início, epifania da vida transformada pelo dom de si a Deus e aos irmãos.

Essa evolução espiritual delineia uma espécie de parábola do caminho humano para Deus. Há os momentos do naufrágio interior, com o ponto de chegada a uma praia da qual não se vê Deus ou se vê que irremediavelmente se afastou. A interrogação religiosa não soube encontrar um porto no qual ancorar e como que se dissolveu entre as sombras: Deus, no final, permaneceu um ponto distante, inatingível. Há os momentos em que o espírito denuncia a própria condição de agonia, um estado de tensão que não se aquieta, um desejo inconsolado de verdade. Querer-se-ia poder crer e, por isso, são procuradas as razões da fé, mas são razões sempre na incerteza, que se confundem e, não encontrando uma saída libertadora, acabam confinando a alma numa ilha sem paz. Há ainda os momentos nos quais domina uma situação de expectativa, como se um horizonte apenas entrevisto se tornasse coragem para uma obstinada paciência para que Deus finalmente se revele a quem o procurou com confiança. Uma confiança, portanto, não apagada ou passiva, mas vigilante, exercida para reconhecer também na escuridão as luzes de um dia não distante. Há, por último, os momentos caracterizados por um estado de graça, nos quais a alma, mesmo tendo já encontrado a luz, não se fecha em si mesma, já satisfeita de si, mas continua a buscar luz, crescer na luz, comunicar necessidade de luz.

Através das várias passagens da conversão de Agostinho emerge que, no caminho da volta, há sempre, antes de tudo, uma exigência de profunda interioridade. Descer dentro de si mesmo significa aprender a se interrogar e a julgar os próprios atos, reconhecer o caminho da própria vocação, amadurecer opções coerentes com os valores fundamentais da vida. Desse esforço preliminar de análise procede o exercício paciente e apaixonado com o qual é preciso aprofundar os conteúdos da fé, assentando sobre bases racionais a busca religiosa, sem todavia cair no engano perigoso de um intelectualismo fim em si mesmo que quer tudo compreender do mistério de Deus ou tende alcançá-lo por via direta, sem mediações. Há ainda um momento decisivo nesse processo espiritual, e é a formação de uma sólida consciência moral que saiba suportar o esforço do domínio de si, treinando a vontade para vencer as inclinações perversas, as paixões e todas as incrustações que tornam a alma impermeável ao bem e à graça. Assim se realiza a conversão radical do intelecto e do coração que dispõe para Deus, ajuda a compreendê-lo, dá a alegria de acolhê-lo.

As páginas que descrevem ou, melhor dizendo, fotografam o dinamismo interno da conversão constituem indubitavelmente um dos grandes motivos de atrativo das *Confissões*. Nelas encontramos um homem que se desnuda completamente com desapiedada sinceridade, indo cavar nos ângulos mais recônditos de si, para melhor fazer emergir a sua verdade interior. E, mesmo quando o escritor usa artifícios retóricos e desfruta com sabedoria de todo meio expressivo, a sua confissão não fica nunca fechada no círculo da "literatura", porque ela tira sempre da vida para retornar totalmente à vida, na sua mais genuína e profunda dimensão humana. Bastam as longas batalhas sustentadas por Agostinho antes de entrar na posse de Deus para aproximá-lo da nossa sensibilidade de experiência de modo extraordinariamente vivo. São páginas que no-lo fazem sentir humanamente fraco e cristãmente inconstante, fácil para as tentações e para a queda, não fechado à vontade de amar a Deus, e, no entanto, sempre temeroso – para usar uma imagem bíblica[4] – de se deixar totalmente "circuncidar o coração". São também essas páginas, por contraste, que nos fazem depois gostar mais intensamente das "outras" páginas, onde não sem assombro somos tornados partícipes daquilo que este mesmo homem se tornou, transformado por Deus no coração e, por isso, tornado capaz de viver e amar de modo novo.

O louvor a Deus

Quão grande e acima de todo mérito tenha sido a graça da conversão, testemunha-o o sentimento de reconhecimento que permeia todas as *Confissões*. Não é por acaso que o

---

[4] Dt 10,16; 30,6; Jr 4,4; 9,25; Rm 2,29.

Livro I se abre com aquela célebre oração de louvor em que está contido o princípio inspirador e um dos fios condutores da obra: o homem, do fundo de sua miséria e do seu pecado, exalta a grandeza de Deus, que se inclina misericordiosamente sobre as suas criaturas para chamá-las a si, fundamento de todo bem e da paz sem fim:

> Tu és grande, ó Senhor, e digno de louvor infinito; grande é o teu poder e sem limites a tua sabedoria. Quem quer te louvar é um homem, simples partícula da tua criação; um homem que em toda parte leva sobre si a sua natureza mortal, leva consigo o testemunho do seu pecado e o testemunho de que tu resistes aos soberbos. Quem quer te louvar é justamente este homem, simples partícula da tua criação.
> És tu que o incitas ao prazer de te louvar, porque nos criaste para nos destinar a ti e não tem paz o nosso coração enquanto não repousa em ti.[5]

O louvor pode ser considerado o compêndio e o momento transfigurador da autobiografia agostiniana.[6] A admissão das culpas e das fraquezas, que também tem um peso relevante na economia das *Confissões*, é sempre superada pela intensidade do louvor com o qual Agostinho abandona o seu coração ao agradecimento pelos inumeráveis dons recebidos de Deus. Mesmo quando a consciência da sua indignidade nunca lhe falta; mesmo quando nunca se apaga a amargura dos dias de pecado, mais forte é sempre a comoção por aquilo que a misericórdia de Deus soube suscitar nele através do perdão e da graça.

---

[5] *Conf.* I, 1.1.

[6] Para uma análise articulada do ponto de vista teológico do tema do louvor, cf. VAGAGGINI, Cipriano. La teologia della lode secondo S. Agostino. In: *La preghiera nella Bibbia e nella tradizione patristica e monastica*. Cinisello Balsamo, Edizioni Paoline, 1988[2], pp. 399-467.

Os efeitos devastadores do pecado (perversão e escravidão, inquietude e drama, deformidade e morte...) não têm nunca o poder de dificultar a explosão da graça na alma do pecador. As *Confissões* lembram a todo instante a providência da ação de Deus que intervém para cancelar os pecados, fortificar na fé, tornar perseverantes na vontade, dilatar o coração na capacidade de amar. Mais que o homem ir ao encontro de Deus, é Deus quem toma a iniciativa, procura o homem, transforma a sua alma, enche-a de si. O homem deve somente se dispor para acolher Deus na sua pequena casa que está em ruínas e precisa ser restaurada, limpa de tantas coisas que ofendem a vista, tornada mais espaçosa para que, entrando, Ele possa saturá-la da abundância dos seus dons.[7]

Os prodígios que Deus, fonte de toda misericórdia,[8] realiza até na última das suas criaturas suscitam justamente aquele canto espontâneo e ininterrupto de louvor, que resume o escopo e o conteúdo das *Confissões*,[9] e ao mesmo tempo define a atividade mesma do homem na sua expressão mais elevada.[10] As palavras do Salmo 146,2 ("Louvarei o Senhor enquanto eu for vivo, enquanto viver, cantarei hinos ao meu Deus") são como uma bandeira e um programa no caminho do homem redimido. Tudo é louvor porque tudo é graça. As *Confissões* traduzem exemplarmente este princípio em substância, clima e mensagem. Os atributos de Deus, suma perfeição,[11] e as suas maravilhas no homem e na criação se tornam assim os verdadeiros protagonistas da representação,

---

[7] *Conf.* I, 5.6.

[8] *Conf.* IV, 4.7; VI, 1.1; 16.26.

[9] *Retr.* II, 6.1.

[10] *En. Ps.* 44.9.

[11] *Conf.* I, 44; 6.10.

sempre em cena para conduzi-la ou atrás dos bastidores para inspirá-la.

A descoberta do amor

Nas *Confissões*, o homem não é somente o abismo de mistério com o qual se apresenta a si mesmo já no ato do nascimento, do seu começar a ser; não vive somente a sua condição de passagem para a morte, como todas as coisas desta terra.[12] Agostinho não cancela o enigma "homem" da vida, antes, o coloca intensa e, com frequência, dramaticamente diante, toda vez que vai escavar na sua experiência e nas contraditórias realidades do coração humano. Lá encontra quão profundo e indecifrável é o mistério da existência, permeada pela dor, penetrada pelo mal, destinada a um declínio inexorável. No entanto, essa condição não o conduz ao pessimismo nem, muito menos, ao desespero. O horizonte de Agostinho não se fecha sob o peso opressor da caducidade, da miséria e do pecado, mas se abre, ao contrário, para todo o universo de coisas belas que Deus cria e recria continuamente para o homem. A indignidade da criatura é sempre colocada em relação com a infinita misericórdia do criador, capaz de gerar a esperança[13] de uma libertação da alienante escravidão do mal através do dom da graça que salva e reconduz todo o ser para a sua harmonia.

É aquela misericórdia que orienta, precede e guia os passos do homem. Deus, de fato, é meta, mas também ponto de partida; meta, mas também caminho; esperança final, mas também confiança; hoje, para quem quer chegar até ele. Mas

---

[12] *Conf.* IV, 10.15.

[13] *Conf.* X, 29.40; 32.48.

Deus não se manifesta somente para aqueles que o procuram. Como para Agostinho, ele segue, agita, molesta com a sua misericórdia também quem o traiu e se afastou dele. Cristo veio justamente a este mundo para procurar os homens que esqueceram o amor do Pai[14] e, encontrando-os, recompor na unidade a sua vida inquieta e dispersa.[15] Cristo, portanto, caminho do amor do Pai. O parágrafo 43,68-70 do Livro X resume exemplarmente o papel da mediação de Cristo, que se torna o fundamento mesmo da esperança cristã:

> Quanto nos amaste, Pai bondoso, a ponto de não poupares o teu Filho Unigênito, entregando-o a nós pecadores! Quanto nos amaste! Porque é por nós que ele, não se sentindo diminuído pelo fato de ser igual a ti, humilhou-se até a morte de cruz, ele, o único livre entre os mortos, que tinha o poder de entregar a sua vida e o poder de retomá-la. Fez-se por nós, diante de ti, vencedor e vítima, e vencedor porque vítima; fez-se por nós, diante de ti, sacerdote e sacrifício, e sacerdote porque sacrifício; fez de nós, diante de ti, não mais servos, mas filhos, nascendo de ti e servindo a nós. Com razão, espero firmemente nele, porque tu fortalecerás todas as minhas fraquezas, por meio dele que está sentado à tua direita e intercede por nós junto de ti. Diversamente, deveria me desesperar. Com efeito, muitos e graves são as minhas fraquezas, realmente muitas e graves, mas ainda maior é o poder do teu remédio. Poderíamos acreditar que estivesse muito distante a união entre o teu Verbo e o homem, e assim nos desesperar de nós mesmos, se ele não se tivesse feito carne e não tivesse vindo morar entre nós.[16]

Por este amor o homem foi feito, neste amor cresce, para este amor tende. O caminho que leva a Deus começa de uma disposição do amor do intelecto e do coração e encontra

---

[14] *Conf.* XI, 2.4.
[15] *Conf.* XI, 29.39.
[16] *Conf.* X, 43.69.

a sua saída – a união perfeita com Deus – numa comunhão de amor. A vocação do homem consiste no aprender a reconhecer este amor paterno de Deus que se introduz na vida para levá-la ao lugar para o qual está destinada. Reconhecer o amor de Deus significa também ter a certeza de que, se em algum momento o pecado pode romper o liame com Deus, Deus intervém sempre para reatar a relação de amizade com o homem. Basta que o homem disponha o "peso" da sua alma de modo a poder ser arrastado pelo amor que, ardendo, o lançará para o alto,[17] onde está a morada da felicidade e da paz em Deus.

Lá é o termo, e o último dom do amor: "A paz do repouso, a paz do sábado, o sábado sem ocaso".[18] Se o Livro I se abrira com uma referência à inquietude do coração humano,[19] o Livro XIII se fecha com uma invocação a Deus para que conceda a quantos se orientaram para ele que sejam introduzidos "no sábado da vida eterna".[20] A alma fez uma longa viagem fora e dentro de si mesma e, agora que esta viagem está para terminar, Agostinho recapitula o sentido da aventura terrena e o milagre do amor criador de Deus. A tarde que desce não é a escuridão da noite, mas a luz suave que anuncia o novo dia; não é perda ou abandono, mas espera do repouso no Senhor. Por isso, também o último olhar para a estupenda ordem de coisas que, terminado o seu ciclo, esvairá,[21] não se transforma na desconsolada saudade daquilo que não se pode mais gozar, porque a alma já está recolhida no pensamento

---

[17] *Conf.* XIII, 9.10.
[18] *Conf.* XIII, 35.50.
[19] *Conf.* I, 1.1.
[20] *Conf.* XIII, 36.50.
[21] *Conf.* XIII, 35.50.

alegre do encontro com o Senhor, no qual toda inquietude desaparecerá e toda esperança de felicidade se realizará. O amor é, assim, o elemento unificador e aperfeiçoador da ascese agostiniana.[22] Agostinho descreve muitas vezes a inebriante descoberta de Deus como eterno e imutável Amor. Amor como sumo bem, mas também suma Beleza.[23] O homem e o universo, o corpo e a alma, as coisas todas do criado cantam a epifania e a glória do Belo. E as *Confissões* sabem bem traduzir o anseio de Agostinho por esta beleza antiga e sempre nova, muito tarde amada,[24] distendendo-se em espaços de oração e contemplação que estão entre os momentos espiritualmente mais intensos e liricamente mais belos de toda a obra.

Oração e contemplação

Oração e contemplação são duas realidades que plasmam de cima até embaixo a palavra de Agostinho, e é surpreendente notar como elas se inserem espontaneamente nas várias tramas do discurso: a vida interior se faz palavra como numa passagem natural e, em perfeita simbiose, a palavra transmite sua tensão e o movimento espiritual. Aqui se sente o respiro mesmo da oração: o impulso da alma que, sentindo toda a própria indigência, expressa a necessidade de Deus; que, olhando para o seu amor misericordioso, implora e adora; que, admirando a magnificência de tantos dons, agradece e

---

[22] Para uma reflexão sobre o amor – um dos temas centrais do pensamento agostiniano – se remete à antologia: sant'Agostino. *Ama. Riflessioni sul fondamento della vita*. Prefazione di Gianfranco Ravasi. Tradução e posfácio de Giuliano Vigini. Milano, Libri Scheiwiller, 2006 (com indicações bibliográficas no posfácio).

[23] *Conf.* III, 6.10.

[24] *Conf.* X, 27.38.

louva. Aqui tudo brota das raízes do coração, que do deserto do exílio se encaminha para a pátria de origem. Medos e incertezas, lágrimas e alegria, silêncios e gritos evidenciam as etapas deste percurso espiritual, dando voz e ritmo, cor e som à oração que sobe de vez em quando do "amplexo do homem interior".[25]

Senhor nosso Deus, coloca a nossa esperança à sombra de tuas asas, dá-nos proteção e apoio. Tu nos sustentarás desde pequenos e até em nossa velhice, porque a nossa segurança é segurança quando se apoia em ti; quando se apoia em nós, é insegurança. O nosso bem vive sempre junto de ti, e é justamente porque nos afastamos que nos tornamos perversos. Faze, então, Senhor, que o caminho do regresso esteja perto, de tal forma que não mais caiamos em ruínas, pois em ti vive indefectível o nosso bem, que és tu mesmo. E não receamos não mais encontrar um lugar para onde retornar, porque é daquele lugar que caímos. Mesmo quando estamos ausentes, não é destruída a nossa casa, que é a tua eternidade.[26]

No coração da oração e da contemplação de Agostinho há sempre este sentido da fragilidade humana que nunca apaga, no entanto, a certeza na possibilidade de esperar, porque Deus mesmo é esta esperança que dá a coragem de crer, de se corrigir, de perseverar. O diálogo de Agostinho com Deus quer definitivamente comunicar aos homens esta mensagem de esperança.

---

[25] *Conf.* X, 6.8.
[26] *Conf.* IV, 16.31.

IX

DEFESA DA ORTODOXIA
E EXPOSIÇÃO DA FÉ

Poucas imagens parecem resumir mais adequadamente a atividade desenvolvida por Agostinho durante os anos do seu longo episcopado que aquela de pastor que guia a sua Igreja protegendo os fracos na fortaleza da fé e combatendo por eles com todas as forças da razão.[1] A tarefa de gerar, nutrir, defender e fortificar a fé[2] é, de fato, aquilo que o empenha em mais frentes (a pregação, a catequese, a obra polêmica e apologética) e que mais intensamente solicita dele estudo e elaboração doutrinal.

Um caráter obrigatório assume, de 397 até nos primeiros anos do novo século, a defesa da ortodoxia dos assaltos dos maniqueus. Não poucos eram os tratados antimaniqueus já escritos por Agostinho – o último dos quais, *Contra Adimanto*, é de poucos anos antes (394) –, mas é evidente o seu esforço incessante de afirmar alguns conceitos fundamentais (Deus ser supremo, Deus princípio e criador de todas as coisas, Deus autor do bem...) e de pontuar outros aspectos de particular relevância da doutrina católica (como o problema da origem do mal) para desmontar a estrutura das argumentações maniqueias.

---

[1] *Ep*. 18, 5.32.
[2] *Trin*. XIV, 1.3.

Contra a carta de Mani chamada do Fundamento (397), *Contra Fausto maniqueu* (400-402), *A natureza do bem* (404-405), *Contra Secundino maniqueu* (404-405): é todo um entrelaçar de escritos nesses anos que visam essencialmente demonstrar que as contradições encontradas pelos maniqueus nas Escrituras não subsistem e que na Bíblia todo fato encontra explicação e acordo.

Depois de 405, a polêmica antimaniqueia de Agostinho, embora não se apague totalmente, diminui sensivelmente e assume caráter mais ocasional, quer porque todo motivo de conflito exegético e doutrinal com os maniqueus já foi objeto de amplo debate, quer porque a seita mesma lhe oferece menos pretextos de intervenção direta. Na realidade, também por impulso vigoroso da sua contraofensiva, os maniqueus reduzem notavelmente a sua atividade de propaganda. As contínuas defecções da seita, até de personagens influentes – como o mercador Firmo,[3] patrocinador dos maniqueus por longos anos, ou o "eleito" Felício,[4] derrotado por Agostinho durante um confronto público na basílica de Hipona (7 e 12 de dezembro de 404) –, testemunham a sua perda de incidência e constituem o sinal do seu não distante declínio.

Enquanto se atenua a polêmica antimaniqueia, se torna mais agudo problema donatista. Agostinho se empenha sem cessar também nesta frente e, por uma dezena de anos – de 400 a 411 –, coloca toda energia de intelecto e de coração a serviço da recomposição do cisma. As obras, numerosas – embora várias outras tenham se perdido –, documentam a intensidade do seu esforço, que visa antes de tudo informar, depois corrigir, e, finalmente, recriar a comunhão da caridade na

---

[3] Possídio. *Vita di Agostino*, 15.5.

[4] Ibid., 16.4.

única Igreja. Mas não somente através dos escritos Agostinho replica aos donatistas, entre os quais se destacam personagens de notável inteligência (Parmeniano de Cartago, Petiliano de Constantina, Emérito de Cesareia de Mauritânia), ao lado de outros grosseiros e arrogantes (Crescônio, Primiano de Cartago, Gaudêncio de Thamugadi). Qualquer ocasião, pública ou privada (homilias, debates, cartas, viagens), serve de fato a Agostinho para entrar no mérito da controvérsia, dissipar os não poucos equívocos sobre as questões de natureza sacramentária e eclesiológica (a eficácia dos sacramentos ligados com a santidade daqueles que os administram; a santidade da Igreja julgada incompatível com a presença de pecadores...) e restabelecer os princípios-fundamentos do ensinamento da Igreja. Com firmeza, mas sempre com o ânimo sinceramente propenso ao diálogo, de modo a reconstituir e solidificar a unidade.

A grande conferência de Cartago de 411 marca um momento decisivo: 286 bispos do lado católico e 279 bispos do lado donatista se reúnem, por iniciativa de Agostinho, numa assembleia pública, oficializada por uma ordem imperial e colocada sob o controle de um comissário católico, por outro lado dotado de medida e sentido de justiça (Flavio Marcelino). Durante três extenuantes dias são produzidos e lidos documentos, atas, testemunhos. Num clima aceso por contrastes e paixões, Agostinho procura pacificamente reportar o debate aos seus conteúdos essenciais e aos tons de um confronto sereno, fundamentado na objetividade dos fatos, sobre os motivos reais da divergência, sobre as possibilidades efetivas de uma reconciliação. No fim da assembleia a vitória é atribuída pela autoridade imperial aos católicos, mas os donatistas não se resignam à derrota e até reagem acusando os católicos de servidão ao poder imperial e Marcelino, de corrupção.

Se de um lado essa sentença sanciona de fato o declínio do partido donatista, do outro ela contribui para agravar a divisão já existente. E Agostinho vive toda a amargura da situação que vem a ser determinada, quer pelo dissídio em si, quer pelos sinais de intolerância que não poucos católicos manifestam em relação aos donatistas que novamente se unem à Igreja. Mais que pelo fato de não ter conseguido restabelecer a concórdia – apesar do empenho pessoal intenso, também fora da diocese –, pesa para Agostinho essa incompreensão e falta de caridade por parte dos fiéis. É como se, em certos momentos, ele sentisse o drama de uma derrota interior, a defecção dos seus por aquilo que mais se esperava deles, que havia tanto pregado e do qual se havia esforçado para dar testemunho: quer dizer, a caridade, que tudo torna eficaz e sem a qual tudo se torna vão. Mas não se permitiu a Agostinho se fechar por muito tempo nesses pensamentos: outras questões e ainda mais graves batalhas o esperam e reúnem as suas energias. Depois do maniqueísmo e do donatismo, começa de fato a soprar o vento turbinoso da heresia pelagiana, que Agostinho enfrenta com igual decisão e profundidade de alcance doutrinal.

O pelagianismo

A heresia toma o nome de Pelágio,[5] um monge que vivera muito tempo em Roma – onde havia chegado por volta de 380 – e que, no tempo do saque da cidade por parte

---

[5] Sobre Pelágio e o pelagianismo, cf., sobretudo, PLINVAL, Georges de. *Pélage. Ses écrits, sa vie et sa réforme*. Lausanne, Payot, 1943; PRETE, Serafino. *Pelagio e il pelagianesimo*. Brescia, Morcelliana, 1961; REES, Brinley R. *Pelagius, a reluctant heretic*. Woodbridge, Boydell, 1991[2]; *The letters of Pelagius and his followers*, ivi, 1991.

dos visigodos de Alarico (410), se refugiou antes na África, depois na Palestina. "Homem santo e até avançado na vida cristã",[6] muito estimado e seguido em Roma, sobretudo pelos jovens, Pelágio – além de em numerosas obras de moral e de exegese, onde se revela profundo escritor e divulgador – se empenhara em escritos de teologia, com os quais abre, no entanto, o caminho de uma perigosa doutrina, certamente a mais perigosa e delicada entre todas aquelas que a haviam precedido, porque atacava e acabava destruindo o fundamento mesmo do Cristianismo. Negando de fato a transmissão do pecado original, declarando ineficaz o Batismo para a remissão dos pecados, afirmando a inconciliabilidade entre o livre-arbítrio e a graça – com todas as consequências que posições do gênero comportavam no plano da doutrina e da piedade cristã –, o pelagianismo esvaziava o conteúdo da fé católica, que tem o seu centro justamente em Cristo redentor e salvador, e reduzia substancialmente o fato cristão a um simples humanismo.

A polêmica de Agostinho é dirigida não só contra Pelágio, mas também contra os seus seguidores, em especial contra dois ardorosos e intransigentes discípulos, o jurista romano Celéstio e o bispo Eclano Juliano.[7] A obra que abre a série das intervenções escritas de Agostinho em torno da questão pelagiana é *O castigo e o perdão dos pecados e o batismo das crianças* (411), pouco depois da conferência de Cartago (411) que havia sido concluída com a excomunhão de

---

[6] *Pecc. Mer.* 3.1.1.

[7] Sobre Celéstio, cf. HONNAY, Guido. Caelestius, discipulus Pelaggii. In: *Augustiniana* 44 (1994), pp. 271-302; sobre Juliano, cf. LÖSSI, Josef. *Julian Von Aeclanum. Studien zu seinem Leben, seinem Werk, seiner Lehre und ihrer Überlieferung*. Leiden, Brill, 2001.

Celéstio. Neste que o próprio autor define um "grande livro"[8] confluem já todos os temas ligados aos quatro pontos-chave da controvérsia pelagiana (a morte da alma, a transmissão do pecado de Adão, o batismo das crianças, a *impeccantia*, isto é, a possibilidade para o homem de viver, em força da sua vontade, sem pecado) e as respostas dadas por Agostinho sobre cada uma das questões representam a primeira clara e exaustiva tomada de posição da teologia católica em relação ao pelagianismo.

Uma retomada e, ao mesmo tempo, um aprofundamento dos temas desenvolvidos virão, alguns meses depois, de outra importante obra, *O espírito e a letra* (412), baseada sobre a distinção e as relações entre a lei e a graça, sobre a necessidade da graça, sobre o perfeito acordo da graça com a liberdade; mais tarde, de *A natureza e a graça* (415), com a qual Agostinho retoma os pontos essenciais das teses expostas por Pelágio no seu tratado *A natureza*, os discute e replica defendendo a graça, que não se opõe à natureza, mas a liberta e a guia.[9]

O longo e complexo capítulo da controvérsia pelagiana é enriquecido – a partir de 415 – de novos desenvolvimentos, determinados também pelas contrastantes intervenções da autoridade eclesiástica.[10] A absolvição de Pelágio no sínodo

---

[8] *Ep.* 169,13.

[9] *Retr.* 2.42.

[10] Primeiro, o sínodo de Dióspoles, na Palestina (20 de dezembro de 415), decreta a absolvição de Pelágio, que havia defendido as próprias teses, mas rejeitado as de Celéstio; depois, os concílios de Milevi (416) e Cartago (417) pronunciam a condenação da heresia – condenação ratificada pelos papas Inocêncio, Zózimo, que, na tentativa de conquistar Pelágio e Celéstio para a Igreja, exorta os bispos africanos a reexaminarem atentamente o problema; novamente, a condenação da doutrina e a excomunhão dos pelagianos por parte do mesmo Zózimo; finalmente, a nova solene condenação do Concílio de Éfeso (431).

142

de Dióspoles (415) suscita enorme eco e notável perturbação na Igreja africana. A gravidade da situação não deixa de preocupar Agostinho, que intensifica a sua já prodigiosa atividade, batendo-se sem descanso para coser e recoser a frágil trama da unidade da Igreja, já muitas vezes quebrada e sempre a ponto de se quebrar. A calorosa polêmica com Juliano (*Contra Juliano*, 421-422) e as novas controvérsias que se desenvolvem em torno do tema da graça (das quais são expressão algumas obras particularmente significativas do último período, como *A graça e o livre-arbítrio* e *A correção e a graça*, 426-427) não lhe dão descanso. Nem entende conceder-se o descanso, solicitado como é pela ansiedade de acorrer onde urgisse a necessidade e de realizar até onde fosse preciso o seu serviço de testemunho da fé, da verdade da doutrina, da unidade dos irmãos. Com a palavra e com a pena – que são nele "como bigas incitadas pela caridade"[11] – Agostinho consegue assim empenhar-se numa atividade multiforme e de longo alcance. Muitas obras, cartas, discursos são um monumento erigido ao seu indômito trabalho intelectual e à sua alma ardorosa, sempre disposta a gastar-se pela causa da fé, sem ter nunca nada para si.

As grandes sínteses

Em anos tão atormentados por polêmicas, divisões, preocupações pastorais de toda espécie, Agostinho consegue até encontrar o tempo e a concentração necessários para trabalhar em algumas construções teológicas, exegéticas e espirituais.

---

[11] *Trin.* III.1.

143

Já pouco tempo depois da sua consagração episcopal inicia (396) *A doutrina cristã*, obra em quatro livros, "dos quais os primeiros três ajudam a compreender as Escrituras, o quarto serve, ao contrário, para aprender como devem ser expressas as coisas que foram compreendidas".[12] Pela primeira vez, Agostinho fixa nessa obra – ponto de referência essencial para a história da exegese – as regras do método interpretativo das Escrituras, o espírito com o qual penetrá-las, a bagagem linguístico-cultural necessária para compreender algumas de suas particularidades e expressões sem cair em erro, os princípios basilares que presidem a arte de oratória, indispensável para comunicar a outros as riquezas da Escritura.

Três anos depois de *A doutrina cristã* (399), Agostinho inicia *A Trindade*, tratado em quinze livros elaborado em várias etapas e concluído somente por volta de 422. Destinada a permanecer um primeiro princípio fundamental e, em geral, da teologia, essa obra é uma síntese orgânica e madura do dogma, que se insere no sulco da tradição, mas abre ao mesmo tempo um novo e vasto território de reflexão original. Agostinho não se limita a se reportar aos Padres e a expor o ensinamento da Igreja, reafirmando-o, mas se adentra para esclarecer questões não resolvidas e para aprofundar novos pontos, com uma propriedade comparável à grandeza e à dificuldade do mistério que indaga. A fecundidade de certas intuições suas – como a exegese das propriedades e da ação do Espírito Santo[13] – fez com que a teologia realizasse enormes progressos, assim como também a reflexão filosófica cristã foi enriquecida de aprofundamentos substanciais. Nem se

---

[12] *Retr.* 2.4.

[13] Para a hermenêutica agostiniana dos textos pneumatológicos bíblicos e a doutrina do Espírito Santo na Trindade, cf. FERRARO, Giuseppe. *Lo Spirito Santo nel "De Trinitate" di Sant'Agostino*. Casale Monferrato, Piemme, 1987.

pode esquecer a visão contemplativa dentro da qual a obra se coloca e que, unindo em profundidade reflexão especulativa e experiência espiritual, confere à *Trindade* uma harmonia superior de fé e de beleza.

O empenho de Agostinho no campo teológico e exegético se concentra depois sobre os *Salmos* e sobre o *Evangelho de João*. As *Exposições sobre os Salmos* – compostas entre 392 e 422 – reúnem o volumoso dossiê da sua atividade de pregação e, como tais, refletem seu conteúdo e caracteres: a riqueza extraordinária de evocação e representação, a forte carga humana. Como num grande espelho, há neste comentário pastoral aos *Salmos* todo um mundo espiritual que se manifesta até nos ângulos mais escondidos. Agostinho parte com humildade a Palavra de Deus e a oferece aos irmãos para que a acolham e a tornem operante na vida. Também o *Comentário ao Evangelho de João* (406-421?) e o *Comentário à primeira carta de João* (406-407) se inserem nesta perspectiva. Nascidos em grande parte como homilias e discursos ao povo e, portanto, caracterizados no espírito, no método e no timbre característico dos mesmos motivos inspiradores das *Exposições sobre os Salmos*, os comentários a João retomam e aperfeiçoam o edifício exegético e doutrinal que Agostinho vai construindo. Edifício que se eleva usando como base o "Cristo total" e que se expande apoiando-se sobre o pilar da caridade, fonte de unidade e vida da Igreja.[14]

---

[14] Para uma visão sintética de conjunto da exegese bíblica agostiniana, remete-se para o ensaio de Grossi, Vittorino. *Leggere la Bibbia con S. Agostino*. Brescia, Queriniana, 1999. Para uma bibliografia ampla sobre o assunto (*A select bibliography, 1945-1995* de Charles Kannengiesser), se remete a *Augustine and the Bible, edited and translated by Pamela Bright* (do original francês, org. por La Bonnardière, Anne Marie. *Saint Augustin et la Bible*. Paris, Beauchesne, 1986), Notre Dame, University of Notre Dame Press, 1999, pp. 321-342.

A cidade de Deus

Entre os tratados e escritos, já de per si numerosos e exigentes, que ocupam Agostinho na primeira década do século V, se insere uma obra de enormes proporções e de relevância fundamental na história da teologia e do pensamento: *A cidade de Deus* (412-427).[15] Ela vai bem além do propósito contingente de opor uma argumentada e enérgica resposta às acusações que os pagãos – na consternação geral seguida ao saque de Roma (410) – dirigem cada vez mais ao endereço dos cristãos, réus de professar uma doutrina irracional e socialmente ineficaz, impotente para se opor à ruína de uma cidade e, com ela, ao desmoronamento de um mundo. *A cidade de Deus*, na realidade, não é somente, nem principalmente, uma invectiva que lança sobre o paganismo a acusação de ser social e espiritualmente infecundo, mas é, ao mesmo tempo e sobretudo, uma grande sinfonia da fé, da sabedoria e da esperança cristãs que escreve a página nova e eterna da história do homem. O confronto e o desencontro com a filosofia, o culto e a moralidade pagã se tornam de fato matéria para uma interrogação sobre o sentido cristão da história e para a representação daquilo que o único e verdadeiro Deus opera nela através da sua ação de graça. O empenho apologético de Agostinho não se esgota, portanto, na rejeição do paganismo no plano teológico e ético (idolatria, imoralidade, orgulho, ideologia de poder...) e na denúncia das raízes pagãs da sociedade do seu tempo, mas se coloca na

---

[15] Para um enquadramento geral se remete, além da edição na "Nuova Biblioteca Agostiniana", às introduções de Luigi Alici e de Carlo Carena às respectivas edições (Milano, Bompiani, 2001²; Torino, Einaudi-Galimard, 1992). Vejam-se, além disso, as contribuições especializadas publicadas em *"De civitate Dei". L'opera, le interpretazioni, l'influsso*. A cura di Elena Cavalcanti. Roma, Herder, 1996; VAN OORT, Johannes. *Jerusalem and Babylon. A study into Augustine's "City of God" and the sources of his doctrine of the two cities*. Leiden, Brill, 1991.

tentativa mais vasta de abraçar as múltiplas manifestações através das quais se realiza a história da salvação.

A contraposição entre o bem e o mal, entre justos e ímpios, entre o amor de si e o amor de Deus delineia o cenário da cidade terrena, na qual a obra da Providência age ininterruptamente para endereçar o homem para a cidade celeste,[16] "Lá onde a vitória é a verdade, a dignidade é a santidade, a paz é a felicidade, a vida é a eternidade".[17] A cidade de Deus – Jerusalém – tem como centro Cristo, redentor e salvador, "sem o qual ninguém foi libertado, ninguém é libertado, ninguém será libertado";[18] Cristo, Deus e homem, "Deus como meta do caminho, homem como caminho ao longo do qual caminhar".[19] A cidade do homem – Babilônia – tem, ao contrário, como centro o demônio, símbolo personificado da oposição radical a Deus: a soberba diante da humildade, o domínio contra a submissão, o prazer e o amor exclusivo de si opostos à caridade e ao bem para com todos. As duas cidades – misturadas no tempo e segundo o corpo, mas distintas segundo o espírito e, no dia do juízo, separadas também segundo o corpo[20] –, se contrapõem no drama da história, mas sobre este drama se projeta sempre a luz da morada, que espera onde será realizada "a sociedade perfeitamente

---

[16] A ideia central das duas cidades já havia sido antecipada em *A verdadeira religião*, retomada nas *Exposições sobre os Salmos* e desenvolvida em *A primeira catequese cristã*; a teoria dos dois amores, na origem das duas cidades, havia já encontrado uma primeira formulação em *O Gênesis segundo a letra*. A partir do Livro XI de *A Cidade de Deus* – com o qual se abre a segunda parte da obra –, Agostinho delineia a gênese e as características das duas cidades.

[17] *Civ.* II, 29.2.

[18] Ibid. X, 32.2.

[19] Ibid. XI, 2.

[20] *Cat. rud.* 19.31.

ordenada e perfeitamente concorde daqueles que desfrutam de Deus e, reciprocamente, desfrutam em Deus".[21]

A *cidade de Deus* é, na visão metafísica e escatológica de Agostinho, um termo espiritual e transcendente, mas é, ao mesmo tempo, o modelo que identifica e constitui ontologicamente o ideal da cidade do homem. Parte de um único projeto de libertação e salvação que marca indelevelmente o curso da história, a cidade terrena é uma imagem da cidade de Deus peregrina no tempo, chamada a viver com ela uma relação de amor. Quando a cidade terrena se coloca fora deste projeto rejeitando Cristo, Senhor da história, e a Igreja – que é o seu reino neste mundo[22] –, a história se dobra sobre si mesma e cai em poder das forças do mal.

O amor de Deus, porém, não se destrói sob o peso da cruz da história, porque a cruz traz consigo a redenção e a recomposição na unidade da existência decaída do homem, que, na sua soberba, escolheu separar-se de Deus para viver segundo o espírito do mundo (egoísmo, orgulho, posse, sede de domínio). O amor do Pai, que da cidade celeste desce na história para permeá-la totalmente, da criação até o fim dos tempos, é contrastado com o amor da outra cidade que se fechou para o horizonte de Deus. Nessa contínua tensão e oposição de amores é representado todo o trabalhoso proceder da fé na "noite" do mundo, a peregrinação da Igreja "entre as perseguições dos homens e as consolações de Deus",[23] o caminho da esperança cristã entre os "gemidos" das realidades terrenas e as alegrias prometidas das realidades futuras.

---

[21] *Civ.* XIX, 13.1.

[22] Ibid. XX, 9.1.

[23] Ibid. XVIII, 51.2.

O fim da aventura

A cidade de Deus não é o último esforço literário de Agostinho. Apesar da idade avançada e das incumbências ainda numerosas que pesam sobre ele – junto com os cuidados administrativos da diocese que, a partir de 26 de setembro de 426, confia a um sacerdote de nome Heráclio –, Agostinho se põe a trabalhar em vários outros escritos. Entre eles, *As retratações* (426-427) ou, melhor dizendo, as *Revisões* ou *Reconsiderações*: obra de grande importância para reconstruir a gênese e os desenvolvimentos do seu pensamento; para conhecer as reais intenções que o levaram a tratar determinado assunto e com qual espírito; para descer ao fundo de sua alma. Nessas *Retratações* – assim chamadas por motivo das suas últimas "confissões" –, Agostinho submete a atenta e meditada releitura crítica toda a sua produção, indicando sua matéria, a ocasião, a sequência cronológica, a chave interpretativa. Ele se preocupa assim em esclarecer, corrigir, completar onde é necessário, para não oferecer nenhuma possibilidade ou pretexto a equívocos, distorções e manipulações, de tal modo a deixar entregue aos pósteros – na perspectiva da morte que sente já estar próxima – um patrimônio de escritos restituído à sua interpretação genuína. As preocupações pastorais, a conclusão das obras já começadas, a redação de outras, ditadas por disputas e problemas improrrogáveis, não permitem, porém, que Agostinho leve a termo *As retratações* e complete, portanto, a resenha até os últimos escritos.

A doença que o leva à morte o assalta no terceiro mês do assédio de Hipona[24] por parte dos vândalos de Genserico. A sua forte fibra – já duramente provada pela queda de

---

[24] Possídio. *Vita di Agostino*, 29.3. O assédio durará quatorze meses.

Roma – não resiste sob o golpe violento das novas barbáries. Os últimos meses de Agostinho são um banho de pranto e amarguras infinitas[25] pelas carnificinas, destruições, torturas, sacrilégios que reduzem a cidade à humilhação e à impotência.[26] Somente servem-lhe de conforto a oração e a leitura dos Salmos Penitenciais, que fez afixar em grandes folhas na parede diante do leito, de modo que podia meditar sobre eles enquanto estava deitado. Assim, no absoluto recolhimento, prepara-se para o encontro com o Senhor.[27]

A morte o colhe no dia 28 de agosto de 430, na idade de 76 anos. Os seus restos e a sua biblioteca – milagrosamente salvos dos vândalos durante a evacuação e o incêndio[28] de Hipona – são transportados para Cágliari, provavelmente por obra do bispo Fulgêncio de Ruspe (468-533), no tempo de seu primeiro (508/9-516/17) ou do seu segundo (518/519) exílio na Sardenha, junto com outros bispos africanos. Mais tarde, entre 720 e 725, o piedoso rei longobardo Liutprando consegue resgatar "a preço elevado" dos sarracenos os restos mortais de Agostinho e transferi-los de Cágliari para Pavia, onde ainda hoje repousam na basílica de San Pietro in Ciel d'Oro,[29] sob a mesa do altar, diante daquela arca de mármore que é talvez o monumento mais belo erigido para a glória de Agostinho.

Por misteriosas coincidências, a ventura do santo se conclui, portanto, não distante dos lugares da sua conversão.

---

[25] Ibid. 28.12.

[26] Ibid. 28.6-8.

[27] Ibid. 31.2-3.

[28] Ibid. 28.10.

[29] A basílica conserva, além das relíquias de Agostinho, também os restos de Liutprando e Severino Boezio.

É belo, no fundo, que o seu último porto terreno esteja lá onde ele nascera espiritualmente para a vida. Como um retorno à pátria da alma, à qual ele devia tudo aquilo que depois se tornou e à qual, por reflexo, também nós devemos tudo quanto Agostinho nos deixou como herança.

CRONOLOGIA

354   *13 de novembro*. Agostinho nasce em Tagaste, filho de Patrício e Mônica.

361-365   Estudos elementares em Tagaste.

365-369   Continua os estudos na vizinha Madauro.

370   Por dificuldades econômicas, volta para Tagaste. Passa um ano de inatividade e de ócio.

371   Graças ao amigo Romaniano, continua os estudos em Cartago. Morre Patrício. Vai viver com uma mulher.

372   Da relação nasce Adeodato.

373   Lê o *Hortêncio* de Cícero e a Sagrada Escritura. Adere ao maniqueísmo.

374   Termina os estudos e retorna a Tagaste. Ensina gramática. Hospeda-se na casa de Romaniano.

375   Morre um amigo muito querido.

376   Parte para Cartago. Ensina oratória.

380-381   Indiferença pelo maniqueísmo.

383   Encontra Fausto de Mileve. Parte para Roma. Crise de ceticismo.

384   É nomeado professor de retórica em Milão. Encontra Ambrósio.

385   Mônica vai ao seu encontro em Milão.

386	Leitura dos neoplatônicos e de São Paulo. Retorna à fé católica. Transfere-se para Cassicíaco. Começa a escrever os *Diálogos*.
387	Volta para Milão (março) para o Batismo, que recebe de Ambrósio na noite do Sábado Santo (24 de abril). Mônica morre em Óstia (pelo mês de outubro).
388	Passa um tempo em Roma. Começa a escrever *O livre-arbítrio*. Deixa a Itália para sempre. Funda em Tagaste uma pequena comunidade monástica.
389	Escreve *O mestre*. Morre Adeodato.
390	Escreve *A verdadeira religião*.
391	Transfere-se para Hipona. É ordenado sacerdote. Funda um mosteiro para leigos.
395	É ordenado bispo.
397	Sucede a Valério como bispo de Hipona. Luta contra os maniqueus. Começa a escrever *A doutrina cristã* e *As Confissões*.
399	Começa a escrever *A Trindade*, terminada por volta de 421.
400-411	Empenha-se para recompor o cisma donatista.
410	Saque de Roma (24 de agosto).
412-426	Escreve *A cidade de Deus*. Combate o pelagianismo.
426-427	Escreve *As retratações*.
430	*28 de agosto.* Morre em Hipona durante o assédio dos vândalos.

NOTA BIBLIOGRÁFICA

Esta nota bibliográfica quer oferecer ao leitor alguns elementos informativos para aprofundamentos posteriores.

Na Seção A são enumeradas todas as obras de Agostinho, com a indicação das abreviações com as quais são designadas e o número do volume ou dos volumes correspondentes na *Patrologia Latina* (PL) de Migne, no *Corpus Scriptorum Ecclesiasticorum Latinorum* (CSEL) da Academia de Viena e no *Corpus Christianorum. Series Latina* (CCL), publicado em Turnhout por Brepols. Na última coluna, está finalmente indicada a edição latino-italiana da *Nuova Biblioteca Agostiniana* (NBA), editada em Roma por Città Nuova.

Na Seção B, apontamos algumas obras imprescindíveis. Para a bibliografia geral anterior, além da bibliografia específica sobre as *Confissões*, se remete ao vol. 4/1 da nossa edição das *Confissões*, que apresenta um quadro seletivo atualizado das publicações agostinianas até 1995. As resenhas bibliográficas indicadas permitem depois um itinerário lógico de textos e edições (MODA); no que diz respeito à filosofia de Agostinho, uma análise crítica das contribuições publicadas até 1998 é a organizada por Catapano; finalmente, um rico e profícuo *excursus* por setores de pesquisa se encontra na *Revue des études augustiniennes et patristiques*. Completa o quadro uma série de ensaios subdivididos em parágrafos. Para os ensaios estrangeiros disponíveis em tradução italiana foi diretamente indicada esta última.

A. OBRAS DE AGOSTINHO

ABREV.	TÍTULO	PL	CSEL	CL	NBA
Acad.	De Academicis libri tres	32	63	29	3,1
Adim.	Contra Adimantum Manichaei discipulum liber unus	42	25,1		13,2
Adm.	Admonitio Donatistarum de Maximianistes liber unus [*deperditus*]				
Adn. Iob	Adnotationes in Iob liber unus	34	28,2		10,3
Adult. con.	De adulterinis coniugiis libri duo	40	41		7,1
Adv. leg.	Contra adversarium legis et prophetarum libri duo	42		49	12,1
Agon.	De agone christiano liber unus	40	41		7,2
An. et or.	De anima et eius origine libri quattuor	44	60		17,2
An. quant.	De animae quantitate liber unus	32	89		3,2
Arithm.	De arithmetica [*deperditus*]				
Bapt.	De baptismo libri septem	43	51		15,1
B. con.	De bono coniugali liber unus	40	41		7,1
B. vid.	De bono viduitatis	40	41		7,1
Beata v.	De beata vita liber unus	32	63	29	3,1
Brevic.	Breviculus conlationis cum Donatistis libri tres	43	53	149/A	16,2
Cat. rud.	De cathechizandis rudibus liber unus	40		46	7,2
Cath. fr.	Ad catholicos fratres liber unus	43	52		15,2
Cent.	Contra quod attulit Centurius a Donatistis liber unus [*deperditus*]				
Civ.	De civitate Dei libri viginti duo	41	40	47-48	5,1-3

Conf.	Confessionum libri tredecim	32	33	27	1
Conl.	Conlatio cum Maximino Arrianorum episcopo	42			12,2
Cons. ev.	De consensu evangelistarum libri quattuor	34	43		10,1
Cont.	De continentia liber unus	40	41		7,1
Contr. mend.	Contra mendacium liber unus	40	41		7,2
Correct.	De correctione Donatistarum liber unus (= Ep. 185)	33	57		16,2
Corrept.	De correptione et gratia liber unus	44	92		20
Cresc.	Ad Cresconium grammaticarum partis Donati libri quattuor	43	52		16,1
Cura mort.	De cura pro mortuis gerenda ad Paulinum episcopum liber unus	40	41		7,2
Dial.	De dialectica	32			36
Dis. Chr.	De disciplina christiana	40		46	
Div. qu.	De diversis quaestionibus octoginta tribus liber unus	40		44/A	6,2
Divin. daem.	De divinatione daemonum liber unus	40	41		6,2
Doctr. Chr.	De doctrina christiana libri quatuor	34	80	32	8
Don.	Contra Donatistas liber unus	43	53		16,2
Duab. an.	De duabus animabus liber unus	43	25,1		
Dulc. qu.	De octo Dulcitii quaestionibus liber unus	40		44/A	6,2
Emer.	Gesta cum Emerito Donatistarum episcopo liber unus	43	53		16,2
Emer. Don.	Ad Emeritum episcopum Donatitarum post conlationem liber unus [*deperditus*]				
En. Ps.	Enarrationes in Psalmos	36-37	93-95	38-40	25-28,2
Ench.	De fide, spe et caritate liber unus	40		46	6,2
Ep.	Epistulae	33	34.44.57.58.88	31.31/A	21-23/A
Ep. Don.	Contra epistulam Donati heretici liber unus [*deperditus*]				
Ep. Io. Tr.	In epistulam Iohanis ad Parthos tractatus decem	35			24,2

Ep. Man.	Contra epistulam Manichaei quam vocant fundamenti liber unus	42	25,1		
Ep. Parm.	Contra epistulam Parmeniani libri tres	43	51		15,1
Ep. Pel.	Contra duas epistulas Pelagianorum libri quattuor	44	60		18,1
Ep. Rm. inch.	Epistulae ad Romanos inchoata expositio liber unus	35	84		10,2
Exc. urb.	De excidio urbis Romae	40		46	
Exp. Gal.	Expositio epistulae ad Galatas liber unus	35	84		10,2
Exp. Iac.	Expositio epistulae Iacobi ad duodecim tribus [*deperdita*]				
Exp. prop. Rm.	Expositio quarundam propositionum ex epistula apostoli ad Romanos	35	84		10,2
Faust	Contra Faustum Manichaeum libri triginta tres	35	84		14,1-2
Fel.	Contra Felicem Manichaeum libri duo	42	25,2		
F. et op.	De fide et operibus liber unus	40	41		6,2
F. et symb.	De fide et symbolo liber unus	40	41		6,1
F. invis.	De fide rerum invisibilium	40		46	6,1
Fort.	Acta contra Fortunatum Manichaeum liber unus	42	25,1		13,1
Gaud.	Contra Gaudentium Donatistarum episcopum libri duo	43	53		16,2
Geom.	De Geometrica [*deperditus*]				
Gest. Pel.	De gestis Pelagii liber unus	44	42		17,2
Gn .adv. Man.	De Genesi adversus Manichaeos libri duo	34	91		9,1
Gn. Litt.	De Genesi ad litteram libri duodecim	34	28,1		9,2
Gn. litt. imp.	De Genesi ad litteram liber unus imperfectus	3			36
Gramm.	De grammatica	32			36
Gr. et lib. arb.	De gratia et libero arbitrio liber unus	44			20
Gr. et pecc. or.	De gratia Christi et de peccato originali libri duo	44	42		17,2
Gr. test.	De gratia testamenti novi ad Honoratum liber unus (= Ep.140)	33	44		

Haer.	De haeresibus ad Quodvultdeum liber unus	42		46	12,1
Hil.	Contra Hilarem liber unus [*deperditus*]				
Imm. an.	De immortalitate animae liber unus	32	89		3.1
Inq. Ian.	Ad inquisitiones Ianuarrii libri duo (= Ep. 54.55)	33	34,2		
Io. ev.	In Iohannis evangelium tractatus CXXIV	35		36	24,1-2
Iud.	Adversos Iudaeos	42			12,1
Iul.	Contra Iulianum libri sex	44			18,1
Iul. imp.	Contra Iulianum opus imperfectum	45	85,1		19,1-2
Lib. arb.	De libero arbitrio libri tres	32	74	29	3,2
Loc.	Locutionum libri septem	34		33	11,1-2
Mag.	De magistro liber unus	32	77,1	29	3,2
Max.	De Maximianistis contra Donatistas liber unus [*deperditus*]				
Max. Arrian.	Contra Maximinum Arrianum	42			12,2
Mend.	De mendacio liber unus	40	41		7,2
Mor.	De moribus Ecclesiae catholicae et de moribus Manichaeorum libri duo	32	90		13,1
Mus.	De musica libri sex	32			3,2
Nat. b.	De natura boni liber unus	42	25,2		
Nat. et gr.	De natura et gratia liber unus	44	60		17,1
Nesc. Don.	Contra nescio quem Donatistam liber unus [*deperditus*]				
Nupt. et conc.	De nuptius et concupiscentia ad Valerium libri duo	44	42		7,1
Op. mon.	De opere monachorum liber unus	40	41		7,2
Ord.	De ordine libri duo	32	63	29	3,1
Orig. an.	De origine animae (= Ep. 166)	33	44		
Part. Don.	Contra partem Donati libri duo [*deperditi*]				

Pat.	De patientia liber unus	40	41		7,2
Pecc. mer.	De peccatorum meritis et remissione et de baptismo parvulorum ad Marcellinum libri tres	44	60		17,1
Perf. iust.	De perfectione iustitiae hominis liber unus	44	42		17,1
Pers.	De dono perseverantiae liber ad Prosperum et Hilarium secundus	45			20
Phil.	De philosophia [*deperditus*]				
Praed. sanct.	De praedestinatione sanctorum liber ad Prosperum et Hilarium primus	44			20
Praes. Dei	De praesentia Dei ad Dardanum liber unus (= Ep. 187)	33	57		
Prisc.	Contra Priscillianistas liber unus	42		49	12,1
Prob. et test.	Probationum et testimoniorum contra Donatistas liber unus [*deperditus*]				
Ps. Don.	Psalmus contra partem Donati	43	51		15,1
Pulch.	De pulchro et apto [*deperditus*]				
Qu.	Questionum liber septem	34		44/B	10,2
Qu. ev.	Questiones evangeliorum libri duo	35		44/B	10,2
Qu. Mt.	Questiones XVI in Matthaeum	35		44/B	10,2
Qu. pag.	Quaestiones expositae contra paganos numero sex (= Ep. 102)	33	34,2	33	10,3
Qu. test.	De octo quaestionibus ex veteri testamento	PLS 2			
Reg.	Regula				
Reg. 1	Obiurgatio	33			7,2
Reg. 2	Ordo monasterii	32			7,2
Reg. 3	Praeceptum	32			7,2
Retr.	Retractationum libri duo	32	36	57	2
Rhet.	De rhetorica	32			36
Sec.	Contra Secundinum Manichaeum liber unus	42	25,2		7,1

Sent. Iac.	De sententia Iacobi (= Ep. 167)	33	44		
Serm.	Sermones	38-39;	PLS 2	41	29-3,2
Serm. Arr.	Contra sermonem Arrianorum liber unus	42	92		12,2
Serm. Caes.	Sermo ad Caesariensis Ecclesiae plebem	43	53		
Serm. Dom.	De sermone Domini in monte libri duo	34		35	10,2
Simpl.	Ad Simplicianum libri duo	40		44	6,2
Sol.	Soliloquiorum libri duo	32	89		3,1
Spec.	Speculum	34	12		10,3
Spir. et litt.	De spiritu et littera ad Marcellinum liber unus	40	60		17,1
Symb. Cat.	De symbolo ad catechumenos	40		46	
Trin.	De Trinitate libri quindecim	42		50-50/A	4
Un. Bapt.	De unico baptismo contra Petilianum ad Constantinum liber unus	43	53		16,1
Util. cred.	De utilitate credendi liber unus	42	25,1		6,1
Util. ieiun.	De utilitate ieiunii	40		46	
Vera rel.	De vera religione liber unus	34	77,2	32	6,1-2
Vers. Mens.	Versus in mensa	32			
Vers. Nab.	Versus de s. Nabore	PLS 2			
Vid. Deo	De videndo Deo liber unus (= Ep. 147)	33	44		
Virg.	De sancta virginitate liber unus	40	41		7,1

B. OBRAS SOBRE AGOSTINHO

1. Bibliografias e resenhas bibliográficas

CATAPANO, Giovanni. *L'idea di filosofia in Agostino*. Guida bibliografica. Padova, Il Poligrafo, 2000.

MODA, Aldo. Agostino e la sua eredità. In: *Nicolaus* 28 (2001), pp. 1-322. Un demi-siècle de recherces sur Augustin e l'augustinisme. In: *Revue d'études augustiniennes et patristiques* 50/2 (2004), pp. 251-391.

VIGINI, Giuliano. *Le Confessioni di sant'Agostino*. IV/1: Bibliografia. Milano, Editrice Bibliografica. 1995.

2. Revistas especializadas

Analecta augustiniana (Roma, 1905-). Índices 1905-1926 [1981], 1927-1954 [1983].

Augustinian studies (Villanova, 1970-).

Augustiniana (Leuven, 1951-).

Augustinianum (Roma, 1961-).

Augustinus (Madrid, 1956).

Estudio agustiniano (Valladolid, 1914-. Antes *Archivio histórico hispano-agustiniano* [1914-1927] e *Archivio agustiniano* [1928-1967]).

Revue des études augustiniennes et patristiques (2004-. Antes *Revue des études augustiniennes*, 1955-2003); *L'année théologique augustinienne*, 1940-1954). Tabelas dos volumes 1-30 (1955-1984), org. por Henri Rochais, e tabelas da Bibliothèque augustinienne, org. por Goulven Madec. Paris, Études augustiniennes, 1986. O último fascículo anual da revista traz, sob o título *Bulletin augustinien*, as obras publicadas no decorrer dos últimos anos.

3. Sites da Internet

www.augustinus.de
www.augustinus.it

4. Enciclopédias e dicionários

Augustine Through the ages. An encyclopedia. General editor: Allan D. Fitzgerald, Grand Rapids-Cambridge, Eerdmans, 1999. [Edição espanhola: sob a direção de Jaime García. Burgos, Editoriale Monte Carmelo, 2001; edição francesa: sob a direção de Marie-Anne Vannier. Paris, Les Éditions du Cerf, 2005.]

Augustinus-Lexikon. Herausgegeben Von Cornelius Mayer. In: Verbindung mit Erich Feldmann, Willhelm Geerlings, Reinhart Herzog [depois: Martin Klöckener], Serge Lancel, Goulven Madec, Gerard O'Daly, Alfred Schindler, Otto Wermelinger, Antonie Wlosok. Redaktion: Karl Heinz Chelius. Basel-Stuttgart [depois Basel], Schwabe, 1986-.

5. Coleções de textos

CAG. *Corpus Augustinianum Gissense.* A Cornelio Mayer editum. Basel, Schwabe, 2005² (cd-rom).
Nuova Biblioteca Agostiniana. Roma, Città Nuova, 1965-2005, 63 vv.

6. Cronologias

HOMBERT, Pierre Marie. *Nouvelles recherces de Chronologie augustinienne.* Paris, Institut d'Études augustiniennes, 2000.
LA BONNARDIÈRE, Anne-Marie. *Recherches de chronologie augustinienne.* Paris, Études augustiniennes, 1965.

7. Biografias

a) Antigas

LENAIN DE TILLEMONT, Sebastien. *Mémoire pour servir à l'histoire ecclésiastique des six premiers siècles*. Paris, Robustel, 1693-1712, 16 v. (o t. XIII [1701] contém a vida de Agostinho).

POSSÍDIO. *Vita di Agostino*. Introdução, texto crítico, versão e notas organizados por Michele Pellegrino. Alba, Edizioni Paoline, 1955.

_____. Vita di Agostino. In: *Vita di Cipriano. Vita di Ambrogio. Vita di Agostino*. Introdução de Christine Morhmann. Texto crítico e comentário de A. A. R. Bastiaensen, trad. de Carlo Carena. Milano, Fondazione Lorenzo Valla-Mondadori, 1981[2], pp. 127-241; 339-451 (comentário).

b) Modernas

BONNER, Gerald. *St Augustine of Hippo. Life and controversies*. Norwich, Canterbury Press, 2002[3].

BROWN, Peter. *Agostino d'Ippona*. Trad. de Gigliola Fragnito. Torino, Einaudi, 1974[2] (nova edição com Epílogo, trad. de Lilla Maria Crisafulli e Keir Elkam, ivi, 2005[2]).

LANCEL, Serge. *Saint Augustin*. Paris, Fayard, 1999.

O'DONNELL, James. *Augustine. A new biography*. New York, Ecco. 2005.

PINCHERLE, Alberto. *Vita di sant'Agostino*. Roma-Bari, Laterza, 2000[3].

VAN DER MEER, Frederic. *Sant'Agostino pastore d'anime*. Trad. de Armando Candelaresi e Giuseppe Adanti. Roma, Edizioni Paoline, 1971.

c) Perfis

CORTI, Renato. *Un Giovane diventa Cristiano.* L'esperienza di sant'Agostino. Milano, Paoline, 2003.

CREMONA, Carlo. *Agostino di Ippona.* La ragione e la fede. Milano, Bompiani, 2003.

JERPHAGON, Lucien. *Saint Augustin, le pédagogue de Dieu.* Paris, Gallimard, 2002.

PARONETTO, Vera. *Agostino.* Messaggio di una vita. Roma, Studium, 1981.

TRAPÈ, Agostino. *S. Agostino. L'uomo, il pastore, il mistico.* Roma, Città Nuova, 2001.

WILLS, Garry. *Saint Augustine.* New York, Viking Penguin, 1999.

8. Obras de referência

ALFARIC, Prosper. *L'évolution intellectuelle de saint Augustin.* I. Du manichéisme au néoplatonisme. Paris, Nourry, 1918.

BOYER, Charles. *L'idée de vérité dans la philolophie de saint Augustin.* Paris, Beauchesne, 1941[2].

BURNABY, John. *Amor Dei.* A study of the religion of St. Augustine. Norwich, Canterbury Press, 1991[2].

CAYRÉ, Fulbert. *La contemplation augustinienne.* Principes de spiritualité et de théologie. Paris-Bruges, Desclée de Brouwer, 1954[2].

DU ROY, Olivier. *L'intelligence de la foi en la Trinité selon saint Augustin.* Genèse de sa théologie trinitaire jusq'en 391. Paris, Études augutiniennes, 1966.

GILSON, Étienne. *Introduzione allo studio di S. Agostino.* Trad. de Vincenzo Venanzi Ventisette. Genova, Marietti, 1989[2].

HAGENDHAL, Harald. *Augustine and the Latin classics.* Göteborg, Acta Universitatis Gothoburgensis, 1967, 2 vv.

HOLTE, Ragnar. *Béatitude et sagesse.* Saint Augustin et le problème de la fin de l'homme dans la philosophie ancienne. Paris-Worcester, Études augustiniennes-Augustinian studies, 1962.

MANDOUZE, Andre. *Saint Augustin.* L'aventure de la raison et de la grâce. Paris, Études augustiniennes, 1968.

MARROU, Henri-Irénée. *S. Agostino e la fine della cultura antica.* Org. por Costante Marabelli e Antonio Tombolini, trad. de Mimmi Cassola. Milano, Jaca Book, 1987.

MAUSBACH, Joseph. *Die Ethik des heiligen Augustinus.* Freiburg i. B., Herder, 1929[2].

PERLER, Othmar; MAIER, Jean-Louis. *Les voyages de saint Augustin.* Paris, Études augustiniennes, 1969.

PONTET, Maurice. *L'exégèse de S. Augustin prédicateur.* Paris, Aubier, s. d. [1946].

SCIACCA, Michele Federico. *Sant'Agostino.* Palermo, L'Epos, 1991.

TESELLE, Eugene. *Augustine the theologian.* New York, Herder & Herder, 1970.

9. Introduções gerais

ALICI, Luigi. *L'altro nell'io. In dialogo con Agostino.* Roma, Città Nuova, 1999.

CHADWICK, Henry. *Agostino.* Trad. de Gaspare Bona. Torino, Einaudi, 1989.

HORN, Christoph. *Sant'Agostino.* Trad. de Paolo Rubini. Org. de Pietro Kobau. Bologna, Il Mulino, 2005.

MONDIN, Battista. *Il pensiero di Agostino.* Filosofia, teologia, cultura. Roma, Città Nuova, 1988.

NEUSCH, Marcel. *Initiation à saint Augustin, maître spirituel.* Paris, Les Éditions du Cerf, 1996.

O'DONNEL, James J. *Augustine.* Boston, Twayne Publishers, 1985.

TRAPÈ, Agostino. *Introduzione generale a sant'Agostino.* Org. de Franco Monteverde. Roma, Città Nuova, 2006.

VANNINI, Marco. *Invito al pensiero di sant'Agostino*. Milano, Mursia, 1989.

10. Contexto histórico-cultural

BRANDT, Hartwin. *L'epoca tardoantica*. Trad. de Alessandro Cristofori. Bologna, Il Mulino, 2005.

CALTABIANO, MATILDE. *Litterarum lumen. Ambienti culturali e libri tra il IV e il V secolo*. Institutum Patristicum Augustinianum. Roma, 1996.

MARROU, HENRI-IRÉNÉE. *Decadenza romana o tarda antichità? III-IV secolo*. Trad. de Paola Vismara. Milano, Jaca Book, 1987[2].

_____. *L'Église de l'antiquité tardive* (303-604). Paris, Éditions du Seuil, 1985.

QUACQUARELLI, ANTONIO. *Reazione pagana e trasformazione della cultura (fine IV secolo d.C.)*. Bari, Edipuglia, 1986.

SIRAGO, VITO A. *L'uomo del IV secolo*. Napoli, Liguori, 1989.

11. O pensamento

BEIERWALTES, Werner. *Agostino e il platonismo Cristiano*. Trad. de Giuseppe Girgenti e Alessandro Trotta. Milano, Vita e Pensiero, 1995.

BODEI, Remo. *Ordo amoris. Conflitti terreni e felicità celeste*. Bologna, Il Mulino, 1991.

CATAPANO, Giovanni. *Il concetto di filosofia nei primi scriti di Agostino. Analisi dei passi metafilosofici dal "Contra Academicos" al "De vera religione"*. Roma, Institutum Patristicum Augustinianum, 2001.

DE LA BONNADIÈRE, Anne-Marie (org.). *Saint Augustin et la Bible*. Paris, Beauchesne, 1986.

EVANS, Gillian Rosemary. *Augustine on evil*. Cambridge, Cambridge University Press, 1990[2].

FLASCH, Kurt. *Agostino d'Ippona. Introduzione all'opera filosofica*. Trad. de Caudio Tugnoli. Bologna, Il Mulino, 1983.

GASPARRO, Giulia Sfameni. *Agostino tra etica e religione*. Brescia, Morcelliana, 1999.

HARRISON, Carol. *Beauty and revelation in the thought of Saint Augustine*. Oxford, Clarendon Press, 1992.

HOMBERT, Pierre-Marie. *Gloria gratiae. Se glorifier en dieu, príncipe et fin de la théologie augustinienne de la grâce*. Paris, Institut d'Études augustiniennes, 1996.

KIRWAN, Christopher. *Augustine*. London-New York, Routledge, 1991[2].

LETTIERI, Gaetano. *Il senso della storia in Agostino d'Ippona*. Roma, Borla, 1988.

_____. *L'altro Agostino. Ermeneutica e retorica della grazia dalla crisi alla metamorfosi del "De doctrina christiana"*. Brescia, Morceliana, 2001.

MADEC, Goulven. *La patria e la via. Cristo nella vita e nel pensiero di sant'Agostino*. Trad. de Gaetano Lettieri e Stefano Leoni. Roma, Borla, 1993.

_____. *Saint Augustin et la philosophie. Notes critiques*. Paris, Institut d'Études augustiniennes, 1996.

MARKUS, Robert A. *Saeculum: history and society in the theology of St Augustine*. Cambridge, Cambridge University Press. 1988[2].

O'DALY, Gerard. *La filosofia della mente in Agostino*. Trad. de Nazareno e Rossella Ilari. Org. de Maria Grazia Mara. Palermo, Edizioni Augustinus, 1990.

PACIONI, Virgilio. *Agostino d'Ippona. Prospettiva storica e attualità di una filosofia*. Milano, Mursia, 2004.

PÉPIN, Jean. *"Ex platonicorum persona"*. Études sur les lectures philosophiques de saint Augustin. Amsterdam, Hakkert, 1977.

RATZINGER, Joseph. *Popolo e casa di Dio in sant'Agostino*. Trad. de Antonio Dusini. Milano, Jaca Book, 2005[2].

RIST, John M. *Agostino. Il battesimo del pensiero antico*. Trad. de Elisabetta Alberti. Milano, Vita e Pensiero, 1997.

SANTI, Giorgio. *Agostino d'Ippona filosofo*. Roma. Pontificia Università Lateranense, 2003.

STOCK, Brian. *Augustine the Reader. Meditation, self-knowledge and the ethics of interpretation*. Cambridge (Mass.)-London, The Belknap Press of Harvard University Press, 1996.

VANNIER, Marie-Anne. *"Creatio", "conversio", "formatio" chez S. Augustin*. Fribourg, Éditions universitaires Fribourg, 1991.

12. Miscelânea

Augustin prédicateur. Actes du Colloque international de Chantily (5-7 septembre 1996) edités par Goulven Madec. Paris, Institut d'Études augustiniennes, 1998.

Augustine: Mystic and mystagogue, 1994.

Augustine: Presbyter factus sum, 1993.

Augustine: Second founder of the faith, 1990.

Augustinus Magister. Congrès international augustinienne (Paris, 1954). Paris, Études augustiniennes, 3 vv., 1954-1955.

Collectanea Augustiniana. General editors: Joseph C. Schnaubelt e Frederick Van Fleteren, 3 vv., 1990-1994.

Congresso internazionale su S. Agostino nel XVI centenario della conversione (Roma, 15-20 settembre 1986). Roma, Atti, Institutum Patristicum Augustinianum, 3 vv. 1987.

Internationales Symposion über den Stand der Augustinus-Forschung. Herausgegeben von Cornelius Mayer und Karl Heinz Chelius. Würzburg, Augustinus-Verlag, 1989.

13. Catálogos de Exposições

Gli umanisti e Agostino. Codici in mostra (Firenze, Biblioteca Medicea Laurenziana, 13 dicembre 2001 – maggio 2002). Org. por Donatella Coppini e Mariangela Regoliosi. Firenze, Edizioni Polistampa, 2001.

387 d.C. Ambrogio e Agostino. Le sorgenti dell'Europa (Milano, Museo diocesano, 8 dicembre 2003-2 maggio 2004). Org. por Paolo Pasini. Milano, Olivares, 2003.

ÍNDICE ONOMÁSTICO

A

Adanti, G., *164*
Addas, *42*
Adeodato, *30, 47, 74, 80, 83, 86, 87, 93, 95, 98, 153, 154*
Adimanto, *42, 137*
Alarico, *141*
Alberti, E., *169*
Alessandro, *62, 80, 167*
Alfaric, P., *165*
Alici, L., *14, 146, 166*
Alípio, *21, 50, 80, 83, 86, 87, 106*
Ambrósio, *57, 58, 59, 60, 61, 62, 66, 68, 81, 84, 87, 97, 153, 154*
Amílcar Barca, *20*
Ampélio, *63*
Antão, *65*
Antíoco de Ascalona, *55*
Antonino, *63*
Apuleio, *25*
Arcesilau de Pitane, *55*
Aristóteles, *32, 64*
Aspro, *26*
Atanásio (santo), *65*
Aubin, P., *64*
Aurélio, *9, 58, 102*
Aussenzio, *57*

B

Bardy, G., *64*

Bastiaensen, A. A. R., *164*
Bautone, *58*
Beierwaltes, W., *68, 167*
Benigno, *63*
Benoît, A., *83*
Bento (são), *11, 65, 106*
Beretta, L., *80*
Bianchi, E., *37, 40, 105*
Bianchi, U., *37, 40, 105*
Bodei, R., *167*
Boezio, S., *150*
Bona, G., *166*
Bonner, G., *164*
Boyer, C., *165*
Brandt, H., *167*
Bright, P., *145*
Broemser, F., *31*
Brown, P., *14, 164*
Burnaby, J., *165*

C

Cajani, F., *80*
Caltabiano, M., *167*
Candelaresi, A., *164*
Caprioli, A., *79*
Caravaggi, B., *105*
Carena, C., *105, 146, 164*
Carisio, *26*
Carlos (são), *63*
Carnéades de Cirene, *55*
Carpitella, M., *64*
Cassola, M., *26, 166*

Catapano, G., *155, 162, 167*
Cattaneo, E., *57*
Catulo, *31*
Cavalcanti, E., *146*
Cavallotto, G., *83*
Celéstio, *141, 142*
Celso, *51*
Chadwick, H., *166*
Chelius, K. H., *163, 169*
Chiarini, G., *125*
Cícero, *26, 30, 31, 32, 36, 51, 55, 64, 153*
Cirillo, L., *37, 38, 39, 40*
Colombo, S., *80*
Constâncio, *59*
Coppini, D., *170*
Cornuto, *26*
Corti, R., *165*
Courcelle, P., *27, 66, 125*
Cremona, C., *165*
Crescônio, *139*
Crisafulli, L. M., *164*
Cristofori, A., *167*
Crivelli, L., *57, 59, 62*

D

Da Passano, C. F., *87*
Dattrino, L., *100*
De Capitani, F., *93*
Decret, F., *19, 37, 43, 93*
Delaroche, B., *70*
De Rocco, N., *74*
Di Bernardino, A., *99*
Diocleciano, *20, 41, 100*
Diomedes, *26*
Divjak, J., *13*
Dolbeau, F., *13*
Donato, *26, 100, 101*

Donato, E., *26*
Du Roy, O., *165*
Dusini, A., *168*

E

Elcasai, *38, 39*
Elpídio, *51*
Emérito de Cesareia de Mauritânia, *139*
Eugênio, *59, 84*
Eulógio, *50*
Evans, G. R., *167*

F

Falchini, C., *105*
Fausto, *42, 52, 53, 138, 153*
Feldmann, E., *125, 163*
Felício, *138*
Ferraro, G., *144*
Filão de Alexandria, *62*
Firmo, *138*
Fischer, N., *125*
Fitzgerald, A. D., *14, 163*
Flamínio, *59*
Fontaine, J., *62, 125*
Fortunato, *42, 100*
Fragnito, G., *164*
Frend, W. H. C., *100*
Fulgêncio de Ruspe, *150*

G

Garancini, G., *80*
García, J., *163*
Garzonio, M., *59*
Gaudêncio de Thamugadi, *139*
Geerlings, W., *163*
Gélio, *51*
Genserico, *149*

Gentili, D., *81*
Gério, *51*
Gerôncio, *63*
Gigon, O., *31*
Gildão, *92*
Gilson, É., *165*
Girgenti, G., *167*
Graciano, *58*
Grilli, A., *31*
Grossi, V., *83*, *99*, *145*
Gsell, S., *19*

H

Hadot, P., *64*
Harmless, W., *83*
Harrison, C., *168*
Heráclio, *149*
Herzog, R., *163*
Hipólito, *85*
Holte, R., *166*
Hombert, P. M., *163*, *168*
Honnay, G., *141*
Horn, C., *166*
Hortêncio, *31*

I

Ilari, N., *168*
Ilari, R., *168*
Inocêncio, *142*
Isella, D., *80*

J

João Paulo II, *13*
João (são), *145*
Justiniano, *68*

K

Kannengiesser, C., *145*
Kirwan, C., *168*
Klöckener, M., *163*
Kobau, P., *166*
Koenen, L., *37*

L

La Bonnardière, A. M., *145*, *163*
Lancel, S., *14*, *163*, *164*
Lartidiano (ou Lastidiano), *81*
Lawless, G., *105*
LeNain de Tillemont, S., *164*
Leôncio (são), *102*
Leoni, S., *168*
Lepelley, C., *19*
Lépido, *59*
Lettieri, G., *168*
Licêncio, *50*, *81*
Liutprando, *150*
Lössi, J., *141*
Luciniano, *50*
Lúculo, *31*

M

MacMullen, R., *64*
Madec, G., *162*, *163*, *168*, *169*
Magris, A., *37*
Maier, J. L., *100*, *166*
Majo, A., *5*, *87*
Majorino, *100*
Mandouze, A., *20*, *101*, *166*
Manlio Teodoro, *68*
Mani, *37*, *38*, *39*, *41*, *42*, *44*, *138*
Marabelli, C., *26*, *166*
Mara, M. G., *64*, *71*, *105*, *168*
Mário Vitorino, *69*

173

Markus, R. A., *168*
Marrou, H.-I., *26, 27, 51, 166, 167*
Martírio, *62*
Maschio, G., *62*
Mattioli, U., *62*
Mausbach, J., *166*
Máximo, *25, 92*
Mayer, C., *125, 163, 169*
Mazza, C., *62*
McManara, M. A., *49*
Megálio, *103*
Merdinger, J. E., *19*
Migne, J.-P., *155*
Moda, A., *162*
Monachino, V., *87*
Monachino, V., *57*
Monceaux, P., *19*
Mondin, B., *166*
Mônica, *21, 22, 28, 47, 53, 66, 67, 74, 80, 89, 90, 91, 92, 126, 153, 154*
Monteverde, F., *166*
Morcelli, S. A., *19*
Munier, C., *83*
Muratori, L. A., *65*

N

Nauroy, G., *62*
Navígio, *22, 80*
Navoni, M., *87*
Nebrídio, *50, 51, 95*
Neusch, M., *166*
Nicômaso de Gerasa, *51*
Nock A. D., *64*

O

O'Daly, Gerard, *68, 163, 168*

Optato, *101*
Orígenes, *62*

P

Pacioni, V., *168*
Palestra, A., *59*
Paredi, A., *87*
Parmeniano, *101, 139*
Paronetto, V., *59, 165*
Pasini, C., *57*
Pasini, P., *58, 170*
Patrício, *21, 22, 28, 47, 153*
Patte, D., *71*
Paulo (são), *70, 71, 82, 106, 110, 123, 154*
Pelágio, *140, 141, 142*
Pellegrino, M., *164*
Penco, G., *65*
Pépin, J., *168*
Perler, O., *166*
Perpétua, *22*
Petiliano de Constantina, *139*
Picard, G.-C., *19, 29*
Piccolomini, R., *49, 126*
Pietri, C., *62*
Pincherle, A., *36, 164*
Pizzolato, L. F., *49, 62*
Platão, *64*
Plinval, G. de, *140*
Plotino, *68*
Pontet, M., *166*
Ponticiano, *65*
Porfírio, *64, 68*
Possídio, *20, 22, 93, 96, 97, 98, 100, 101, 103, 138, 149, 164*
Power, K. J., *29*
Prete, S., *140*

Primiano de Cartago, *139*
Puech, H.-C, *37*

Q

Quacquarelli, A., *167*

R

Ratzinger, J., *11*, *101*, *168*
Ravasi, G., *135*
Rees, B. R., *140*
Regoliosi, M., *170*
Rist, J. M., *169*
Roberti, M. M., *87*
Rochais, H., *162*
Romanelli, P., *19*
Romaniano, *28*, *43*, *47*, *49*, *50*,
    53, *153*
Römer, C., *37*
Rosano, L., *105*
Rosano, L. M., *105*
Roselli, A., *37*
Rubini, P., *166*
Ruch, M., *31*
Ruggieri, G., *64*
Rústico, *81*

S

Sacca, A., *68*
Sage, A., *107*
Saginario, G., *67*
Salama, P., *21*
Santi, G., *169*
Savon, H., *57*
Saxer, V., *83*
Schindler, A., *163*
Schnaubelt, J. C., *169*
Sciacca, M. F., *166*
Sêneca, *51*

Septímio Severo, *21*
Sfameni Gasparro, G., *37*
Simonetti, M., *125*
Simpliciano, *62*, *63*, *68*
Siniscalco, P., *64*
Sirago, V. A., *167*
Sisínio, *62*
Solignac, A., *66*
Spendio, *20*
Stock, B., *169*
Straume-Zimmermann, L., *31*

T

Tardieu, M., *37*, *45*
Teodósio, *92*
Terenciano Mauro, *26*
Testard, M., *32*
Tombolini, A., *26*, *166*
Trapè, A., *67*, *105*, *165*, *166*
Trigésio, *81*
Trotta, A., *167*
Tugnoli, C., *168*
Túlia, *31*

V

Vaccaro, L., *79*
Vagaggini, C., *130*
Valentiniano I, *57*
Valentiniano II, *58*
Valério, *96*, *98*, *102*, *154*
Van Bavel, T., *105*
Van der Meer, F., *164*
Van Fleteren, F., *169*
Vannier, M. A., *163*, *169*
Vannini, M., *167*
Van Oort, J., *146*
Varrão, *51*, *55*
Vavassori, G., *19*

Venanzi Ventisette, V., *165*
Verecundo, *80*, *82*
Verheijen, L., *105*, *106*
Vigini, G., *9*, *10*, *11*, *87*, *105*, *125*, *135*, *162*
Vigotti, G., *58*
Vindiciano, *51*
Virgílio, *26*
Vismara, P., *167*
Vogüé, A. de, *105*

W

Warmington, B. H., *19*
Wermelinger, O., *163*
White, C., *49*
Wills, G., *165*
Wlosok, A., *163*

Z

Zoroastro, *38*
Zózimo, *142*
Zumkeller, A., *107*

Paulinas

Rua Dona Inácia Uchoa, 62
04110-020 – São Paulo – SP (Brasil)
Tel.: (11) 2125-3500
paulinas.com.br – editora@paulinas.com.br
Telemarketing e SAC: 0800-7010081